習

き、行動を刈り獲り
を蒔き、習慣を刈り獲り
、成功を刈り獲る

青木仁志

文庫版まえがき

２０１２年に本書が出版されて10年が経ちました。そのあいだ、新型コロナウイルス感染症が蔓延し、当社もリモートワークやオンライン講座など、柔軟に対応して目標としていた過去最高の業績を達成しました。

ＩＴ技術は格段に進歩し、働き方や研修の形は、10年前には考えられないものになりました。しかし、人間の本質は変わりません。

私はいまも人材育成トレーナーとして、「人はいつからでもどこからでもよくなれる」という信念をもって、そのためのマインド、ノウハウ、スキルを追求しています。

ウイルスというあまりにも大きな脅威によって、事業が立ち行かなくなった経営者もいるでしょう。たしかに、新型コロナウイルスが原因だと言わざるを得ないかもしれません。

しかし、ウイルス自体が業績を下げる直接原因であるわけではなく、ウイルスに対する捉え方が対処の仕方を分け、それが繁栄と衰退という結果を生み出しているのです。

大切なのは、成果の出ている人の著作に触れたり、研修に参加したり、自分自身を磨いていくということです。成果の出ている人を研究してください。

前提が変わります。コロナ禍でも業績を伸ばし続けている企業はあります。できないと思っていては、どんなに努力しても成果は出にくいものです。できるという前提で努力すると、できないと思って努力する労力が半分ですむのです。

だからこそ、目標設定をしましょう。

努力は尊いものです。しかし、よい目標を立てればよい選択ができるようになります。するとしなくてもいい苦労がなくなります。目標を設定することの価値は、努力よりも正しい選択を優先できるようになることです。

しなくてもいい苦労をしながら、精神論や自己満足で俺は努力していると言う人もいますが、私はそうではありません。

私は鉄工所の工員から身を起こした人間です。学校歴はないけれど、精神論や自己満足でひたすら努力してきたわけではありません。学習するなかからより賢く生きる技術を身につけてきたのです。

10年前も今も変わらずに、目標を設定し、最優先の事柄に集中し、必ず達成するまで続けるための技術を提唱してきました。このコロナ禍という時期だからこそ、やみくもにがんばるのではなく、効果的な選択をして、目標達成し続けるノウハウを手に入れてもらいたいと願っています。

はじめに

未来を知る者は、
その未来を創り出す者自身である

人生は有限です。だからこそ一度かぎりの人生を充実させ、有意義にかつ楽しく過ごしたいと誰もが願っています。この願いは、「成功したい」という欲求であり、人間の本能とも言えるものです。成功とは目的を遂げること。すなわち成就・達成です。

真の目標達成とはどのような状態でしょうか？

たとえば、豊かな財産を築くことに固執して事業で大きく成功したとしても、多くの人々を傷つけたり、心を許せる友もなく、貧しい心の持ち主であったらどうでしょう。

真の目標達成とは、物心両面の幸せを実現することであり、経済的にも精神的にも豊かであるということです。ビジネスで成功する力があれば経済的に豊かになれます。同時に、自分を価値ある存在だと感じ、多くの人々を喜ばせるために何かを成し遂げようと思えれば、精神的に豊かであるということです。

仕事に対して前向きに取り組み、困難にぶつかったときは支えになってくれる仲間に恵まれ、責任感をもって遂行した仕事からは相応の報酬が得られる。さらにはいつもその仕事が周りから感謝されている。自分が社会の役に立っていると実感できる。これは理想論でしょうか。

どんな国でもどんな分野でもこれらを体現している成功者・超一流と言われる人たちは存在します。彼らは強く求めている。そして、どうすればそれに辿り着けるのかがわかっている。成功する人、すなわち目標を達成できる人とできない人の一番の違いは、願望です。強く求めているかどうかの差で、特別な才能や能力ではないのです。

では、目標を達成するために、彼らは何をしているのでしょうか?

求めるものに対し、進んで代償を先払いしています。願望が強いので、目先の快楽よりも真の願望に突き動かされている。自分の中にある理想のイメージを鮮明に描いているので、それに向かって、まっすぐ思考を管理し、行動を管理することによって、出来事を変化させていくことができるのです。

思考の管理

↓

行動の管理

↓

出来事の変化

願望が強ければ強いほど、それを求める思考も強くなる。人は願望から逃れられない。どんなに固い意思をもっていても、願望が意思より強くその人を動機付けます。そうして思考の中に留めていたものが行動によって現象化するのです。

この思考を現実化するエネルギーは誰にでも内在しています。そしてこの力を最大限に発揮できるようにすることが、まさに達成力の開発です。

社会に出るまでのあいだに、この願望を明確にするトレーニングを受けている人がどれほどいるでしょうか？　ほとんどの人が願望を明確にできないまま、曖昧な思考のままで人生を終えてしまうのです。

ところが、その前に必要なものがあります。それは、「わたしはできる」という自分自身への信頼感です。自分を信じる力。つまり自信がないと、「わたしなら乗り越えられる」「必ず達成できる」という強い気持ちは生まれません。願望が明確であっても、達成をあきらめ、「自分には無理だったんだ」という言い訳を作ってしまいます。あなたが自らの願望を成就しようと思ったら、まず、自分で自分の価値を認める。自分を愛する自己愛が必要です。

本書では、3つのことをお伝えします。思考を現実化させるための「思考法」「原理原則」「行動技術」です。目標を達成するためには、自らの専門分野で卓越した技術を身につけることは必須ですが、それを使いこなす器を鍛えなければ技術も陳腐化してしまいます。これら3つすべてをおさえることで、真の達成力を手にすることができます。

わたしたち人間は、育った環境から自分なりの尺度で物事を判断・解釈する価値のフィルターをもっています。これが、達成を阻害するメンタル・ブロック（精神的な壁）を内面に作り上げます。

成功している人には、共通点があります。それは先に述べたとおり、自分自身に対して、「わたしはできる」という信念をもっていることで

す。このような強い信念をもつためには、まず価値観を明確にし、人生の土台を確立する必要があります。本書では、

①人生の土台となる価値観をまず固める
②そのうえに構築するビジョンや将来のあるべき姿
③目的を遂げるための目標を設定する
④目標を達成するための計画を立てる
⑤最終的に日々の実践に落とし込み、行動管理をする

という目標達成のプロセスを順次わかりやすくご紹介しています。これは、「アチーブメントピラミッド」というセルフイメージの確立を核とした自己開発の具体的な概念です。わたしが30年以上、人材育成に取り組んできた基礎となる考え方です。

人間に与えられた最大の道具は思考。その道具の使い道を決めるのは、その人自身です。思考は価値あるものに使われるべきです。変われない人は深層心理で自分に蓋をしています。繰り返しますが、まずは自分自身を愛する。これが目標を達成するための第一歩です。セルフイメージを確立し、目標を設定し、日常レベルにまで自動的に反映できるよう、多用なワークを盛り込んでいます。時間はかかるかもしれませんが、読み飛ばさずに取り組んでみてください。達成力も最後は実践によってのみ高まります。

ぜひ、自分自身を愛してください。そして、真の目標達成の考え方を掴むことで、なりたい自分になるための自己変革の道をめざしましょう。

目標達成の技術

目次

文庫版まえがき　3
はじめに　7

第1章　目標達成の扉
戦略的に目標を達成するということ　24
誰もが「願望の世界」をもっている　34
3つの原則　37

アチーブメントピラミッド　42
思考の壁　47
達成と未達成を分ける決定要因　53
グランドルール　63
学習効果を高める方法　78
自分を知る5つの質問　81
成功の5つの条件　84
成功の定義　104
成功タイプと失敗タイプ　111

第2章　**真の目標設定**

目的と目標は違う　120

人生の目的を考える　121
あなたが望んでいる生活は？　127
あなたはどんな仕事がしたいのか？　129
時間軸で目標を細分化する　136
目標を設定する　140

第3章　目標達成の障害

パラダイムシフトの重要性　148
よいものを知ると価値観が変わる　154
達成を鮮明にイメージする　156
「学び、真似ろ、追い越せ」を加速する　159
成功の障害　161

成功のサイクル・失敗のサイクル　188

第4章　目標達成の原理原則

成功の原則　194
1　あらゆる事柄に目標を設定し、計画的に生きる（優先順位を守る）　195
2　セルフコントロール能力の習得　206
3　成功者としての自己概念を形成する　222
4　心の法則を使う　238
5　パワーパートナーの協力を得る能力　256
6　専門能力を開発し、真のプロフェッショナルになる　269
7　過去志向型から未来志向型への変革　271

8　一生学び続ける　273
9　健康管理を徹底し、エネルギッシュに生きる　276
10　実践主義に徹する　278
日常生活・業務の水路化現象　285
アチーブメントバランスの概念　288

第5章　達成計画の立案

目標達成には綿密な計画が不可欠　304
良い計画の10項目　307
能力は努力の蓄積　318
挫けそうになったときは？　321
今日やるべきことをメモする　323

仕事上手は段取り上手　325
見直し時間を作る　326
誰にでも平等に与えられている時間を有効に使う　327
タイムマネジメントのアイデア　329
日常生活上のアイデア　341
ちょっとした時間も有効に使う工夫を　345

第6章　信念の力

現実を肯定するところからすべてが始まる　350
他人を正しく評価する　353
認めることの大切さ　355
顕在化できる能力だけが評価できる　356

どんな非現実的な行動も、自分にとっては最善である　358
自分の願望はつねに口にする　362
実現のきっかけ　365
信念は実績に比例する　367
態度は現実を決定する　369
プラスのイメージでセルフコントロールする　371
自分の可能性を信じる　373
楽天的な視点を忘れない　375
困難を予測する習慣を身につける　377
前向きの姿勢をもっていれば、ストレスも溜まらない　380
スランプは成長の促進剤　382
勝ち癖をつける　383

終　章　**自分自身との契約**
自分自身との契約書　388
文庫版 新章　**達成力を高める定義化**
成功者に定義を学ぶ　399
価値観から人生が作られる　404
限られた資源で満たされた人生を生きる　406
おわりに　411
記入例　414

第1章

目標達成の扉

戦略的に目標を達成するということ

目標達成のステップを理解する前に、まずは「目的」と「目標」の〝違いと関連性〟を正しく認識しなければなりません。

人生の目的とは、「わたしは、なんのために生きるのか？」という自己の存在理由であり、人生観です。目的が土台にあって、それを実現するために目標を設定するのです。

わたしが21年続けている戦略的目標達成プログラム『頂点への道』講座は、その名のとおり目標達成の技術を教える研修ですが、戦略をもって達成する道のりは、自分が生きる目的を考え、導き出すこと、あるいは鮮明に確認することから始まります。

目標というのは、目的を遂げるために現実可能な到達しうる通過点。

当然、目標が達成できなければ、目的を遂げることはできません。ですから、最終的に、目的は目標として、さらに優先順位にしたがった日々の行動管理へとブレイクダウンされていくことになります。

ただ行動するだけなら誰でもできます。しかし、無目的無目標だと、どんなに一生懸命であっても成果を実感しづらいものです。していることの成果ではありません。生きていく上での自己実現感です。

真の目標達成技術とは、成功からの逆算と、土台に則った一貫性のある生き方をするということなのです。つまり、目的・目標志向型の人生へと脱皮することです。いつ死んでも悔いがないよう人生の目的から逆算して行動する。思考を現実化する技術を体得するとも言えます。

だから「心の作用」をよく理解し、行動が起こる仕組み、モチベーション（意欲的な動機付け）の働きを知っておく必要があります。

そこで、米国の大学・大学院で心理学やカウンセリングの教科書として用いられている『Current Psychotherapies by Corsini（第5版）』にも取り上げられている「選択理論心理学」［www.choicetheorist.com/ct_history.html］を『頂点への道』講座のベースに盛り込みました。人間の行動心理のメカニズムがわかれば、より効果的に目標達成に向けたセルフコントロール（自己管理）ができるようになります。対人関係スキルも高まります。

ここからしばらく選択理論心理学の説明に入らせていただきます。

これまで、人の行動は、外部の刺激に対する反応であるという「外的コントロール理論」が主流を占めていました。一方、選択理論心理学は、「人の行動は外部の刺激による反応ではなく、自らの選択である」と主張しています。

たとえば、携帯電話が鳴ると、ほとんどの人は迷うことなく電話に出ます。この行為を「携帯電話が鳴ったから取った」とするのが外的コントロール理論です。選択理論心理学では、受話器を取るという行為は、「その人が選択した」となります。どんなに鳴り続いていても、忙しくて手が放せないようなときは電話に出ない場合もあります。また、無言電話などのいたずらが続けば、またかと思って出ないこともあります。つまり、携帯電話が鳴っても出ないという行為を選択する人はたくさんいるわけです。

私たちは、人、状況、もの、さまざまな情報から刺激を受けています。それらは視覚、聴覚、嗅覚、味覚、触覚の五感という感覚のシステムを経由し、知識のフィルターと価値のフィルター（知覚のシステム）を通して現実世界を脳に伝達しています。脳には生まれてから現在まで知覚したあらゆる情報が入っていますが、その時点で思い出せるごくわずかな情報だけしか使えません。また、私たちが経験したことは、〝知覚のシステム〃を経由したときに、自分にとって好ましく肯定的な情報、苦痛や不快感を伴う否定的な情報、そのどちらでもない中立的な情報とに大別され、細かく整理・選別されます。この選別を元に、どんな行動をするか選択がなされるのです。

たとえば子どもができてから、虐待などの事件に関心が一層増すようになったという方がいます。テレビで幼児虐待のニュースを目にするたびに胸を痛めているというのです。しかし、この人に子どもがいないときでも、マスコミが取り上げたたくさんの事件があったに違いありません。ただ、脳に印象的に入ってこなかっただけなのです。自分に子どもができてから、関連情報が五感を経由して鮮明にかつ優先的に脳に入ってくるようになったのです。

つまり、〃知覚のシステム〃を経由して、その人にとって関心のある情報が、選別されて脳に入ってきているということです。さらに、選別されて入ってきた情報に対し、どんな行動を取るのかを選択します。このときの対応法を決定する基盤となるもの、つまり動機付けの源となっているのが「基本的欲求」です。

行動は、「思考」「行為」「感情」「生理反応」の4つの要素から成り立っています。車に例えれば、前輪が「思考・行為」そして後輪が「感情・生理反応」となります。さらに、車のエンジンは基本的欲求、ハンドルは願望を表します。

「こうありたい」「これをしたい」という方向に人間は動くのです。成し遂げたい目標がはっきりしていればいるほど、そちらに向かって早いスピードで動きます。

走り出したら、途中で願望が違うものに向いてハンドルを切って曲がろうとすることもあります。曲がるときにハンドルと共に動くのは前輪の「行為」と「思考」だけです。後輪は前輪の動きについてきます。すなわち「行為」と「思考」は、自分でコントロールすることができ、「感情」や「生理反応」は制御しにくいものです。

「行為」と「思考」がよい方向へ向かうようにハンドルを切れば、人生もよくなりますが、効果的に進むためには「エンジン＝基本的欲求」の働きを理解しておくことが必要です。

基本的欲求とは、脳細胞にある遺伝子に組み込まれたもので、次の5つがあります。

◉5つの基本的欲求

①生存の欲求
②愛・所属の欲求

③力の欲求
④自由の欲求
⑤楽しみの欲求

①生存の欲求

生存の欲求とは、健康や身の安全、飲食、睡眠、生殖など、生きていく上で身体的に必要なすべてのものに対する欲求

②愛・所属の欲求

愛・所属の欲求とは、家族、友人、会社などに所属し、愛し愛される人間関係を保ちたいという欲求

③力の欲求

力の欲求とは、自分の欲するものを自分の思う方法で手に入れたい、人の役に立ちたい、自分の価値を認められたいという欲求

④自由の欲求

自由の欲求とは、誰にも束縛されず、自分の考えや感情のままに自由に行動し、物事を選び、決断したいという欲求

⑤楽しみの欲求

楽しみの欲求とは、義務感に囚われることなく、自ら主体的に喜んで何かをおこないたいという興味・関心・知的好奇心といったものに関する欲求

■5つの基本的欲求

欲求	特徴
生存の欲求	生存の欲求とは、健康や身の安全、飲食、睡眠、生殖など、生きていく上で身体的に必要なすべてのものに対する欲求
愛・所属の欲求	愛・所属の欲求とは、家族、友人、会社などに所属し、愛し愛される人間関係を保ちたいという欲求
力の欲求	力の欲求とは、自分の欲するものを自分の思う方法で手に入れたい、人の役に立ちたい、自分の価値を認められたいという欲求
自由の欲求	自由の欲求とは、誰にも束縛されず、自分の考えや感情のままに自由に行動し、物事を選び、決断したいという欲求
楽しみの欲求	楽しみの欲求とは、義務感に囚われることなく、自ら主体的に喜んで何かをおこないたいという興味・関心・知的好奇心といったものに関する欲求
上質世界（願望）	自分の基本的欲求を満たすと思われる人、物、状況、理想、価値観、哲学などが入っている記憶の世界で、人は上質世界にあるものを現実の世界に求めて行動する。求めているものが得られると人は「快感」を感じ、満たされなければ「苦痛」を感じる。人は遺伝子からくる欲求につき動かされ上質世界を満たそうとして、その時々において最善と思われる「行動の選択」をしている

これら基本的欲求は、私たち人間が生まれながらに持っているもの。ただ、人それぞれ欲求の強さや満たし方は異なります。基本的欲求が満たされていれば、人は幸せを感じ、心が安定しています。そして、この基本的欲求を満たしてくれる事柄が、私たちの心の中にイメージとして存在しているのです。

誰もが「願望の世界」をもっている

「願望の世界」とは、五感を通して脳に取り込まれたさまざまな情報から、それまでの体験と照らし合わせ、感覚的に心地の良い、あるいは、自分にとって価値があると思うものを選別した結果として築かれるイメージの世界です。これを「上質世界」と言います。上質世界に仕事があれば仕事に、家族があれば家族のために時間を割くようになります。

願望は、「人」「もの」「理想」「価値観」「信条」などから構成されています。たとえば、ごはんよりパンが好きで、3食パンでも満足するという人は、パンが願望に入っています。「おいしいパン屋があります」と言われると、「行こう」という行動を選択します。

さらに、A店のパンがおいしかったという情報が願望に入っていると、パンを食べたいと思うとA店が連想されるのです。私たち人間は、この願望の世界に蓄積・形成されたものを求めて行動するのです。

生まれてからいままでに、基本的欲求を満たしてきた情報は、すべて願望の世界に蓄えられています。それは他人、あるいは外部からコントロールできるものではありません。人は、知覚した現実世界と、求めているものを無意識に天秤にかけています。そして、瞬時にさまざまな要素を考慮して、自分の欲求を満たす方向へ行動を選択していきます。

たとえば、甘党の人が喫茶店に入ってレモネードを頼んだとします。

飲んでみると、自分好みの（上質世界に貼ってある）レモネードと違って酸っぱい味がしました。当然、砂糖を入れようとします。まだ好みの甘さでないと感じれば、また入れて、好みの甘さになると欲求が満たされたことになります。この一連の行為が、願望にあるものを求めて行動するということです。すなわち、人が内側（上質世界）から動機付けられて行動するメカニズムです。

上質世界には、まだ経験していない情報であっても意識的に取り込むことができます。想像力を駆使して、自分のなりたい姿、将来像を心に思い浮かべ、鮮明にイメージしてください。それが、あなたの願望の世界に貼りつけられれば、自然とその方向へ行動をとるようになります。

わたしはセールスマンとして働く以前から、自己啓発に関する書物をたくさん読んでいたので、本棚は関連本でいっぱいになっていました。とくに大きな影響を受けたのは、当時産能大出版部から出ていたナポレオン・ヒルの『成功哲学』です。

21歳のときにこの本と出会いましたが、「富を築いた何百人ものインタビューの中で、彼らに達成させる力を与えた要因は、成功を意識することにあった」というものがあります。

つまり、「成功を意識する」とは、「上質世界に、自分が成功したときのイメージを取り込みなさい」ということだったのです。すると、上質世界に取り込まれたイメージがその人の動機付けとなって、成功できる行動を自ら選択するようになっていくのです。

3つの原則

選択理論心理学を基盤としたカウンセリングのひとつである「リアリティ・セラピー」には3つの原則があります［『セルフ・コントロール』

（ロバート・E・ウォボルディング著、柿谷正期訳、サイマル出版会、1992年）」。これは、願望を現実的な行動で達成し、満たしていく評価の手助けとなるものです。しっかりおさえておいてください。

①人は自分の行動に責任がある。社会、遺伝、過去のせいではない

どのような出来事や結果も、そのとき自分が最善と思い、自分自身で選択した行動の結果です。仕事がうまくいかないのは、うまくいかない行為を選択した自分の責任であって、それを会社や上司の責任にしても何も解決しません。また、自分が恵まれていないと思っていても、家庭環境のせいではありません。

自分の身に起こることを、外側の世界に責任転嫁しているうちは達成できません。自分の行動には自分で責任をもつ。そして、何があっても

「自分で選択したことなのだ」と肝に銘じる。自立と自己責任は、達成するための大原則です。

②人は変わることができ、より効果的な人生を送ることができる

どんな人でも、願望の世界に本物を取り込むよう鋭意努力していくことで、それまでの生き方をよい方向へ変えることができます。何事も本物を知ることで、人生は向上していきます。いま、どんな状況であろうとも、自分の努力でこれからの人生は変わります。

③人はひとつの目的をもっている。すなわち、陶芸家が粘土をこねるように、自分の環境を操作して自分の求めているイメージ写真に近づけようとする

自分の願望の世界に、あなたは何を取り込んでいるかをいつも考えてください。自分の願望の世界にあるものが、自分の未来を創り上げていきます。願望の世界に本物を取り込み、健全な目標、目的を擦り込んでおいてください。

何か嫌なことがあるとお酒に逃げたり、苦労せずに儲けようとして賭けごとに走ったりしてしまう人は、アルコールやギャンブルを願望の世界に取り込んでいます。

◉願望の世界に取り込んだ目標は、つねにステップアップさせる

人は自分の理想像を願望の世界に取り込むことで、その理想像に近づく行動をするようになります。たとえば大きな家を手に入れた自分であったり、会社を興して社会に貢献している自分だったりします。月収1

00万円をめざすといった具体的な目標でもかまいません。すでに実現したものとして取り込むことがポイントです。

◉願望の世界にはいつも新しい理想像を取り込む

意欲的に独立したプロセールスパーソンがいました。彼は年収2000万円を目標としてわずかな期間で目標を達成できました。誰の目にも驚異的な記録でしたが、その段階で満足してしまい、新たな目標を設定することを怠ってしまいました。

ここで彼の成長は止まってしまい、これまでコンスタントに月10件の成約があったものが、徐々に減って年収もたちまち激減してしまいました。

しかし、彼には理由がわかりません。理解できないまま、やがて独立したことを悔やむようになっていきました。

彼の場合、最初の目標を達成した段階で、お金ではなく1ヵ月に何件契約をお預かりするという記録を目標にしてみるなど、別の目標を願望の世界に取り込む必要があったのです。願望の世界にあるものを変えていくことは、人生を効果的にコントロールしていくための重要なポイントです。

アチーブメントピラミッド

さて、目標達成の話に戻ります。自己を確固たるものとして戦略的に目標を達成する。この概念を示したものが前述したアチーブメントピラミッドです。

ピラミッドの土台には「人生理念」があります。これはブレない自分の軸です。企業には企業理念があるのと同じように、人生理念はあらゆる物事を判断し、選択する羅針盤になります。自分の最も大切にする価値観を明確にすることで、広大な世界、有限な人生の中で戦略的に自分を活かすことができるのです。

この土台の上に「人生ビジョン」を積み上げます。しっかりとした人生の価値観・哲学・信条・理念に支えられることによって、揺るぎない将来のあるべき姿が浮かび上がってきます。次いで、人生ビジョンを実現するための長期、中期、短期と期限を切った目標を設定していきます。

要約すると、まず生きる目的を明確にする。それを遂げていく鮮明な将来のイメージがあり、それを数値化した目標に落とし込むのです。「こうしたい」「ああなりたい」と漠然とした考えは誰もが抱いています。しかし、頭で考えていることを紙に書き込めるくらい具体的にしなければ実現できません。

目標を達成するための最重要スキルは目標設定であり、目標なくして

■アチーブメントピラミッド

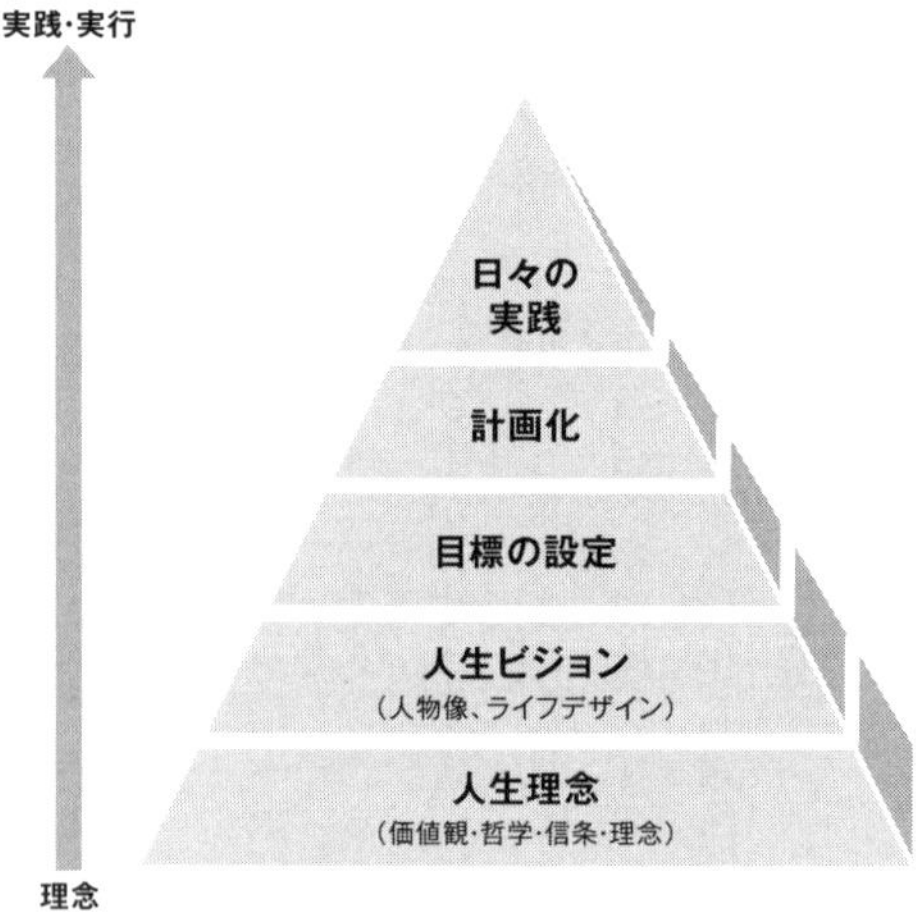

成功のステップ

1. 人生の土台となる価値観をまず固める
2. そのうえに構築するビジョンや将来のあるべき姿を明確する
3. 目的を遂げるための目標を設定する
4. 目標を達成するための計画を立てる
5. 最終的に日々の実践に落とし込み、行動する

達成もありえない。どんなに壮大な夢を思い描いているだけでも、反対に漠然とした考えでやみくもに行動しているだけでも、目標を明確に設定しなければ、達成に効果的な思考の使い方をしているとは言えません。戦略的に目標が設定できたら、優先順位をつける基準も明確になります。各々の説明はのちほど詳述しますが、これが達成するために「戦略的目標設定」と「プライオリティマネジメント」を知っておくことが不可欠な理由です。

ところで、あなたはどうやって自転車の乗り方をおぼえましたか？大半の人から、「自然と身体でおぼえた」という答えが聞こえてきそうです。目標達成も同じです。技術というものはすべからく、頭だけではなく、体得するものなのでしょう。

『頂点への道』講座も3年間かけて6度同じ研修を再受講してもらうフ

ォローアップのシステムを設けています。そのあいだ無料でコンサルタントがフォローします。

アチーブメントピラミッドの概念を頭で理解するのは難しくありません。ただし、理念から一貫性をもって日々実践し続けるというのは一朝一夕にはできないことです。『頂点への道』講座では、3日間かけてプログラムを消化し、6回再受講していただきます。体得のトレーニングプログラムだからです。

目標達成は実践の積み重ねからも

■成功者の定義

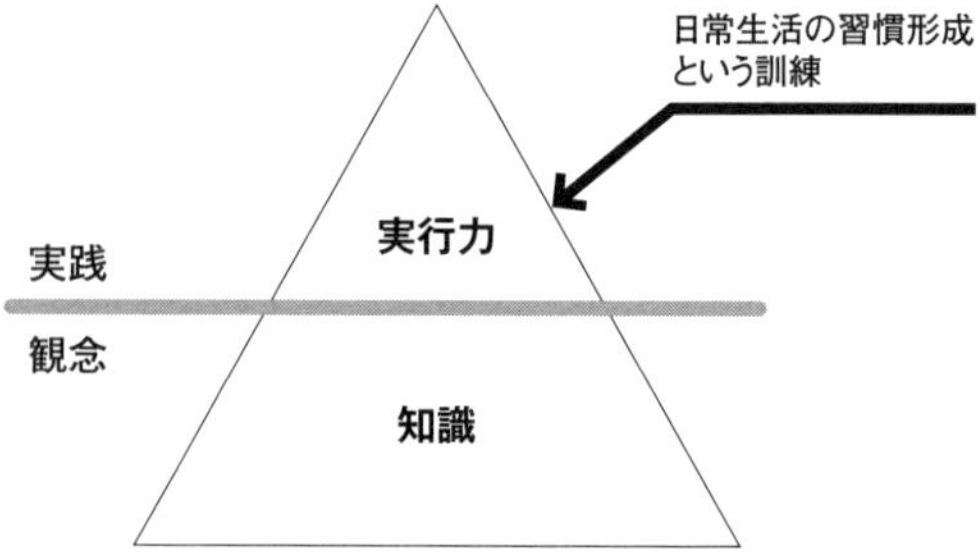

たらされるものです。つまり、「よい習慣を形成すること」が体得の指標となります。毎日の実生活に、目標を達成するために効果的な行動を、どういう順序で、どう落とし込んだらいいのか。講座では、プライオリティマネジメントに加えて「タイムマネジメント」をお伝えし、目標達成のためのオリジナル手帳をお渡ししています。行動管理のノウハウは、本書の後半で詳しくご紹介していきますが、具体的なノウハウとツールも提供して、目標を達成するために優先度の高い項目を日々実行する習慣形成をサポートしています。

思考の壁

ある日、2人の受講生の方に質問をしてみました。仮にAさんとBさんとしておきます。

青木「セミナーを受けてみていかがでしたか？　効果はありましたか？」

Aさん「あまり効果がなかったですね」

青木「そうですか。Bさんはいかがでしたか？」

Bさん「もちろん、効果がありました。目標も達成できましたし、心から感謝しています」

青木「そうですか。それはよかったですね」

それぞれに違った答えが返ってきます。そこで、さらに尋ねました。

青木「Aさんはどういった目的でこの講座に参加されましたか？」

Aさん「えっ、何かひとつでもふたつでも参考になることがあればいいなと……」

一方、Ｂさんの答えはこうでした。

Ｂさん「今期の営業目標を達成し、収入を上げる方法を見つけるために参加しました」

青木「ところでＡさん、何か参考になったことはありましたか？」

Ａさん「はい、もちろん参考になりました」

青木「Ａさん、あなたは求めているものをすでに手に入れていますね」

良い悪いではありません。ただ、曖昧な思考からは曖昧な結果しか生まれないことを知ってほしいのです。Ａさんは「何か参考になるものがあれば」と思っていたので、参考になるものを見つけていきました。Ｂさんは同じ情報から営業目標を達成するための方法を持ち帰っていきました。80パーセント以上の人は、曖昧な願望、曖昧な目的のまま日々を過ごしています。あらゆる出来事は、その人の脳の内面から起こるのです。

目標達成する人は、同じ行動をしているようでも、つねに自分の目的、目標に直結したものだけを選び取っているものです。逆説的に言えば、あなたが求めていないものは、決して手に入れることはできない。

人の成功と失敗を分ける要因のひとつは、思考の壁です。思考には強い弱いがあります。目標を遂げられる人には、何がなんでもという信念の強さがあります。

セールスマン時代のわたしは、朝から晩まで働いていました。成績の悪い同僚ほど「青木、そこまでして頑張る意味があるのか?」と尋ねてきました。

甲子園をめざす高校球児を夜中に起こしに行って「あなたの夢はなん

ですか？」と聞いてみてください。きっと「はい、わたしの夢は甲子園で優勝することです！」と答えるでしょう。ここで「はい、簿記2級を取ることです！」と宣言したら、優勝はできないはずです。

あなたが求めたものしか手に入らないというのは自然の摂理です。種蒔き収穫の法則とも言います。良い種を蒔けば良い実がなり、悪い種を蒔けば悪い実がなる。1年、2年では表面化しなくとも、3年、5年、10年、20年と長い歳月をかけてその人の内側にあるものは必ず現象化していきます。

かけがえのない一度きりの人生。曖昧な思考のまま流されて生きるのか。明確な目的を土台に求めるものを掴み取るのか。どんなにすぐれた知識やノウハウを仕入れても、すべてはあなたの思考しだいです。

人は、なぜ求めることができないか？　それにはふたつの要因があります。ひとつ目は、低い自己イメージ。自分にはできないという思い込みです。ふたつ目は、知識の不足です。世の中や周りとの接点が少なく、情報が不足している状態。

達成型人材の資質があるとすれば、それはよくなりたいという向上心でしょう。成功者は100パーセント目的・目標志向型です。信念があると言い換えてもいいでしょう。

信念があると言っても、真の達成には大義名分が必要です。大義がある人は、ミッションのエネルギーで行動するので恐れがありません。達成による報酬は、自分の器によって決まります。

あなたは、どのような目的、目標をもっていますか?
あなたの存在理由をどう明示していますか?

この問いに対する答えを、読み進めるなかでぜひ発見してください。

明確になったら、きっと時間の使い方と意思決定が変わるでしょう。

達成と未達成を分ける決定要因

10代でフルコミッションセールスの世界に入り、「売れる人と売れない人の違いは何か?」というひとつの問いから、「人の成功と失敗を分ける要因」がわたしの人生のテーマになりました。そして、32歳のときにアチーブメントを創業し、人材教育のコンサルティングに入ったのです。この仕事を25年続けてきましたが、人はなかなか変わらないと実感しています。なぜなら、脳が苦痛より自分にとって心地よいものを自然と選ぶからです。誰だって楽なほうがいいわけですから、自分が変わるより周りを変えようとします。会社の愚痴を言い続けて、転職する人があとを絶たないのがいい例でしょう。

ただ、同じ環境で優績者とほかの人との違いを分析してみたときに、トップセールスほど売ることが願望に入っているとわかりました。むしろそれがなければ、トップセールスになりえません。彼らは売るために、つまり目標を達成するためには、どんなことも肯定的に受け入れるマインドをもっていました。

わたしたちは、それぞれの知覚された世界に生きています。あなたが考えているのがあなたの世界。知覚のシステムは全員異なります。その違いを認めないと、人間関係のさまざまなトラブルが起こります。自分と他人とは違う。一切、ほかの人を変えようとしてはならない。正しさを押し付けると関係が壊れます。解釈が人生を左右した例をご紹介しましょう。

生まれながらにして片手の不自由な少年、ジム・アボットは、野球が大好きで幼いとき友人にこう言いました。

「僕はきっと大リーガーになるんだ」

するとみんなに笑われました。

「きみは片手が不自由じゃないか。野球は両手でやるものだよ」

アボット少年は、「片手だって投げられるし、その球を打たれなければいいんだ」と周囲からなんと言われようと、絶対に自分の夢をあきらめようとしなかったのです。

あるとき周りから障碍者と言われたことを母親に尋ねました。

「僕は障碍者なの？」

すると、母親はこう答えました。

「あなたが障碍者だと思ったときに、あなたは障碍者になるのよ。あなたの個性なのよ」

片手が不自由なことは、まぎれもない事実。それを彼の母親は個性だと受け止め、伝えていました。

アボットは、その後、野球選手としてはじめて米国一のアマチュア選手に贈られる「ジェームズ・E・サリバン賞」を受賞、ソウルオリンピックで金メダル投手となったあと、ドラフト1巡目でメジャーリーグのカリフォルニア・エンゼルスに指名され、見事にメジャーリーガーになりました。

また、こんな話もあります。

ある町に、大酒飲みの父親を持った双子の兄弟がいました。お酒ばかり飲んでいて、仕事をしない父親をもった子どもたちは、1人は禁酒家になり、優秀な弁護士になりました。もう1人は父親と同じように大酒飲みになったのです。

あるインタビュアーが2人に聞きました。

「なぜ、あなたはこういう生き方をしたのですか?」

2人は机を力いっぱい叩いて同じことを言いました。

「あの親をもって、これ以上の生き方ができますか？」

これらの例からわかるように、現実をどう解釈していくかによって、人生の選択が左右されることはたくさんあります。

今日から周りのせいにするより、自分が学ぶようにしましょう。人間関係においては、苦痛を与えても、本人が自己評価をして変わらなければ、たとえば子どもが大きくなると親の脅しも説教も効果がなくなり、断絶、非行、家出など問題行動を起こします。幸せになるためには、正しさを押し付けるのではなく、愛を土台にした人生を歩みましょう。

意思決定のスキルを高めると考えてください。能力開発の重要なポイントは、思考と行動を一致させる技術を学ぶことだと述べました。

たとえば、健康であり続けるためには、飽食より節制したほうがいいに決まっています。もし、１００歳まで生きると決めれば意思決定が変わります。意思決定スキルを高めるとは、すなわち願望実現に効果的な行動を取るということです。８割の人が、快適感情に身を任せています。セールスではアポ取りは苦痛です。ただし、どんな理由を述べようと、アポを取ろうとしないのは言い訳に過ぎません。フルコミッションだと生活がかかっているので、それが顕著にわかります。

わたしには、成功の要素は全くありませんでしたが、求めて

■事実と解釈

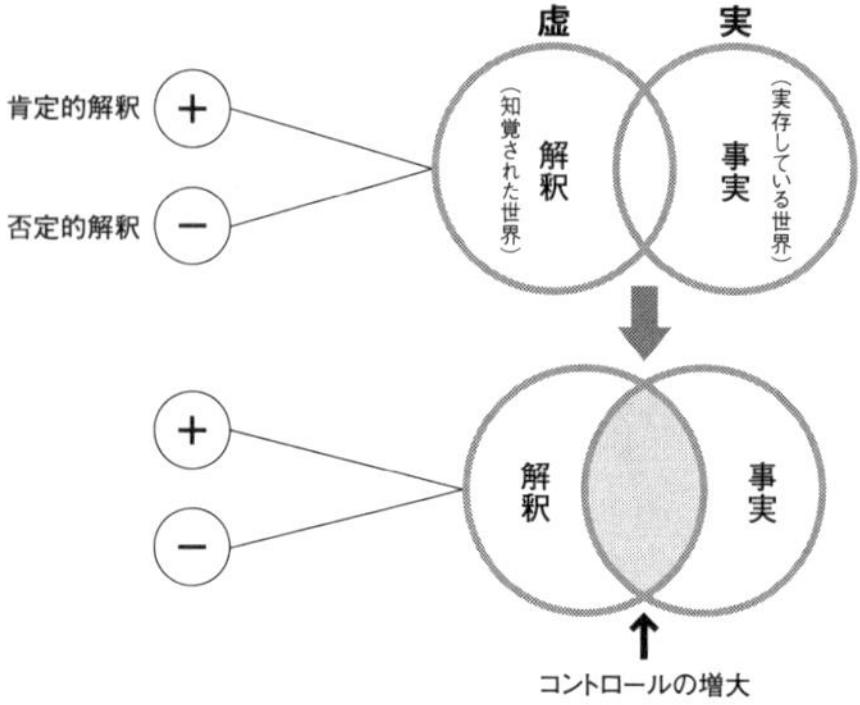

いたことだけは確かです。貧乏でつらい思いもたくさんしてきましたが、いじけなかった。よくなりたいと思っていました。唯一あったのは、目の前のことに集中したことです。暗示をかけて、トップセールスになる前にトップセールスだと思い込みました。そうして、なって当たり前だと思って行動する。

脳は、成功ナビゲーションシステムです。コンピューターに置き換えるとビル3階建て分にもなると言われています。毎朝目的・目標を考えましょう。それが変わるための最大の約束事です。成功ナビを働かせるためには、どんなセットアップをするかです。つまり、自分が何を求めているのか、自分にとって大切なものは何かということです。

次のあみだくじを見てみてください。確実に当たりくじを引く方法があります。それは、自分で最初に達成をデザインすること、そして、そこから逆算して行動することです。

ほとんどの人は考えていない。なぜなら深く考えなくても生きていけるからです。現実には、社長になりたい人も課長になりたい人もいる。自分が働く会社も、自分がどうなりたいかを考えて決める必要があります。

家族と社員を守ろうと思ったら、毎年人間ドッグを受けるのはわたしにとって当たり前です。そのおかげで、ガンは早期発見しかありません。無計画は失敗を計画しているのと同じです。

■成功の選択

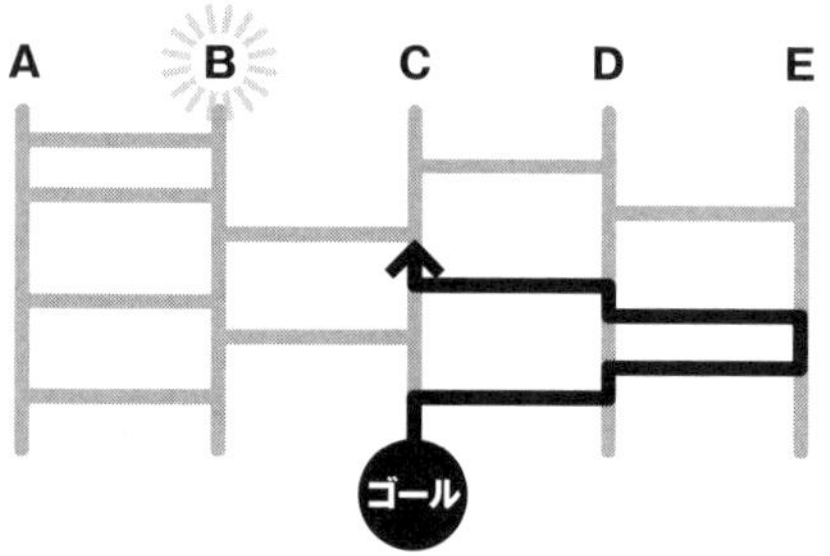

成功（幸せ）という目的からの逆算

なぜ願望を実現することができないのでしょうか？　理由のひとつに低い自己イメージがあります。先に述べた自分を信じる力が弱いのです。幸福は誰でも手に入るもの。しかし、精神論や神頼みでなんでも解決しようとしていれば決して経済的に豊かにはなれません。

豊かさは価値の提供によって実現します。トップセールスになるためにはトップセールスのスキルが必要で、変われる人はスキルを身につけるから豊かになれるのです。変われる人は、すべてを肯定し、乗り越えることで成長していきます。同じ環境でも言い訳をせず、ベストを尽くします。

これは、先ほどの自分中心とは違う意味で、自分に焦点が当たっている状態です。すなわち、自分の解釈と事実を一致させることに長けているので、求めるものと行動がつねに一致した状態を創り出せる。これとは反対の例が、環境に目を向けて、求めるものが手に入らないという人です。周りの要因に左右されて、自分で変えられると思っていない。

毎日自分の求めるものと行動を合わせて1日を生きていけば、必ず誰でも成功することができます。日々の目標達成の積み重ねが人生の結果を決めます。ですから、目標とは何が何でも達成しなければならないものです。すると、その経験をのちのちにもずっと活かすことができるようになります。

毎朝目標を見ていないのは、心からその目標を求めていないからです。本田宗一郎氏は、理想のエンジンを紙に書いて、部下が何度できないと言っても、できると言い続けて自転車用補助エンジンを完成させました。毎日20回は口に出すようにしましょう。自分の言葉でプランを立て、言語化するとパターンになります。

グランドルール

目標達成するために、心に留めておいてもらいたいルールがあります。グランドルールです。自然界の原理原則に逆らえばうまくいかないように、いくら方法がわかってもグランドルールに則っていなければ達成はおぼつきません。本書で得たノウハウを最大限活用するためにきちんとおさえておいてください。これからそれぞれについて説明していきます。

［グランドルール❶］能力開発の5段階

成功は自分から始まり、ほかの人々への貢献で完結します。そのためには、成長が不可欠ですが、能力開発には次の5段階があります。

レベル**1**：知識——知っただけで知ったつもりになって満足しない
レベル**2**：理解——わからないことをわからないままにしない
レベル**3** **4**：実践・習得——できないことをできないままにしないで、できるようになるまでおこなう
レベル**5**：貢献——自分ができるようになったら、自分だけのものにせず周りの人に分かち合う

〈レベル1〉知識——知っただけで知ったつもりになって満足しない

どんなに有益な情報も、たんに知識として仕入れただけでは役に立ちません。実践してはじめて成果が得られます。そのように認識してもらいたいのです。

たとえば、早起きや規則正しい食生活が健康にいいと誰しも認識しています。そう思いながら、毎日夜更かしして、偏った栄養の摂り方を続

けていたら絶対に健康にはなれません。立派な考えやアイデアをもっている人はたくさん世の中にいます。それを行動に移さないかぎり何も知らないのと大差はありません。

確かに多くのことを知ることは大切な自己啓発です。しかし、人生を変革しようと思えば、冒頭で述べた「思考の管理→行動の管理→出来事の変化」の順番になります。情報があることは大前提。知るだけでなく、知ったことをさらに深く探求し、自分の血肉と化すことを「知る」というくらい基準を高くしてください。

〈レベル2〉理解——わからないことをわからないままにしない

人間は独りでは生きていけません。会社の上司、同僚、学生時代の友人、家族、パートナーなど、たくさんの人との出会い、支えがあります。まさに人生は、多くの出会いによって成り立っている。

これを踏まえると、人間関係を円滑にかつ信頼のおけるものにするためのコミュニケーションスキルは、人生に欠かすことのできない技術だと言えるでしょう。お互いが心地よいコミュニケーションを図ることができれば、よりよい人間関係を築き、それが人生の充実感にもつながります。

対人関係においては人間性や態度も大切ですが、まずは言語です。何も外国人とのコミュニケーションだけを指しているのではありません。言葉の定義がわからなければ、いくら相手の話を聞いても理解できません。もしくは解釈や前提が違っていたら、会話は全く成り立たなくなります。会話を理解できないとは、相手を理解できないことであり、話を聞いていないのと同じです。あなたは相手との共通理解をどれだけ大切にしていますか？

自分1人でわかっていること、うまくできることには限りがあります。

「聞くは一時の恥、聞かぬは一生の恥」わからないこと、理解し難いことは、どんどん聞きましょう。

あるいは、わからないことは調べる習慣をもつことです。未知のものに興味をもって相手に尋ねなければ無知な自分が続くだけです。年齢をへて価値観が固まってくると、経験・年齢・自尊心などが邪魔をして、なかなか素直に質問ができないもの。そこで会話中にメモを取り、わからない言葉があったらその場ですぐに辞書を引いて確認することです。

〈レベル❸❹〉実践・習得――できないことをできないままにしないで、できるようになるまでおこなう

次章で実際に目標を設定していただきますが、早起きをする、マラソンをする、日記をつけるなど、新たに何かを始めようとするとき、それが小さなことであればあるほど、「明日から頑張ればいいや」という安

直で怠惰な考えに支配されてしまいがちです。

最初は続いても、途中で挫折してしまう。いわゆる三日坊主が、変われないほとんどのパターンです。ノウハウは、自然とできるようになるまで続けてください。本書の内容を習慣化するまで実践したとき、あなたは達成に大きく近づいているはずです。

〈レベル5〉貢献——自分ができるようになったら、自分だけのものにせず周りの人に分かち合う

真の成功者とそうでない人との差は、自分が得たものを分かち合えるかどうかにあります。技術も知識も、人と分かち合うことによって磨かれ、洗練され、普遍の技術として使いこなせるようになっていくものです。レベル4までは自己を愛すること。自己完成論理で行き着くことができます。しかし、ここからは「FOR YOU」の精神で、自分が体

験し、知り、学び、いいと思ったことをできるかぎり多くの人に伝えましょう。

「自分はいいと思ったし、勉強になったが、こんなことを話したらどう思われるかな」「ほかの人に教えて、自分より能力を発揮されたら困る」といった心では、人間的な成長の限界がきます。いいものはどんどん周りの人たちにも教えてあげる。奉仕の論理で行動する気持ちを忘れないでください。

以上が、能力開発の5段階です。これを図式化すると、次ページのように分けられます。

第1段階の「知る」、第2段階の「わかる」は、本を読んだり、各種セミナーや講演会に参加したりして、知識を得て理解したレベルです。

第3段階の「行う」、第4段階の「出来る」は、知識として得たことを実践していくための技術を習得していく段階です。

能力開発の５段階の図における左側の「知識」「技術」「人格」はそれぞれの実践レベルです。第５段階の「分かち合う」は、知識と技術を総合して、人にも貢献していける「人格のレベル」での実践になります。

知識のレベルから技術のレベルへと移行するとき、ひとつの大きな壁が立ちはだかり

■能力開発の5段階

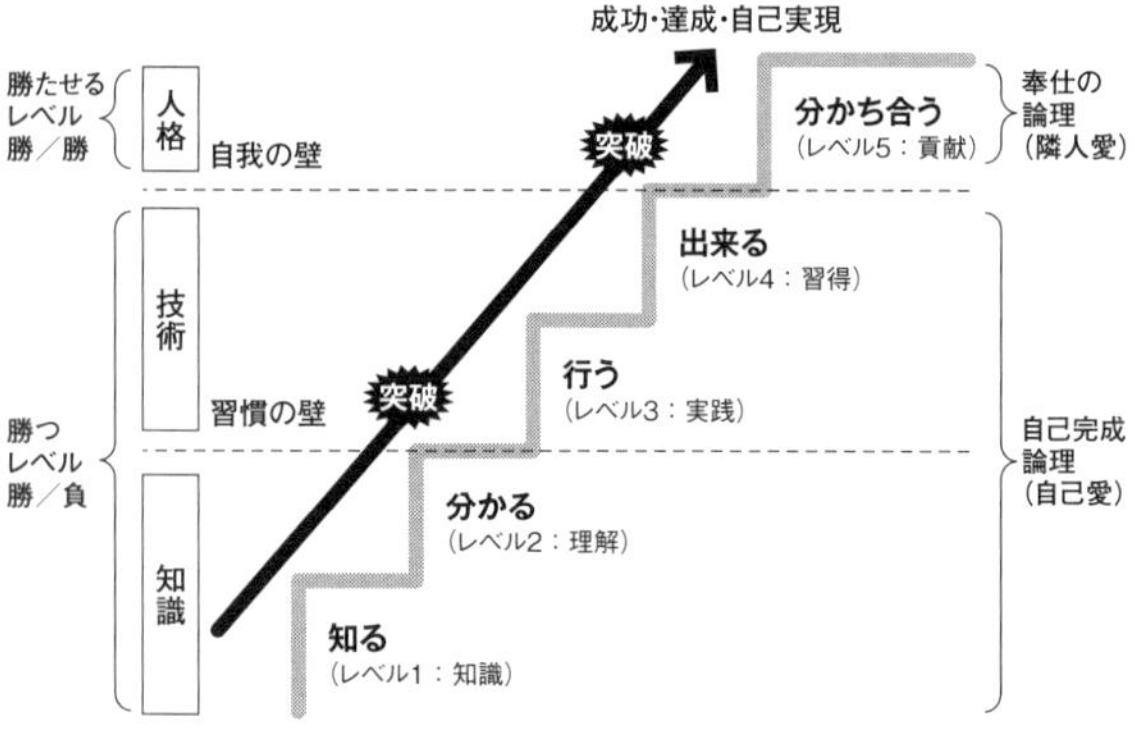

ます。これを「習慣の壁」と呼んでいます。

たとえば、毎朝6時に起きて、その時間を勉強に当てることが、どんなに効率的かわかったとします。しかし、実際に早起きするのは容易ではありません。新たな習慣形成が必要になるわけです。

ただ、毎日6時に起きていればそれがいつのまにか当たり前の起床時間になって、勉強の時間も確保できるでしょう。歯磨きのように、習慣になってしまえば、「出来る」段階へ移行しますが、ここでまた壁にぶつかります。「自我の壁」です。早起きして勉強することの有用性を身をもって感じていても、いざ、それを誰かに勧めようとしたとき、「真面目すぎと思われたら嫌だな」「その程度のことしかやっていないのかとバカにされないかな」など、他人にどう思われるかが気になります。

もしここで自己完結してしまったら、それ以上の成長はありません。

本書を読まれているあなたには、ぜひとも「人格のレベル」にまで達していただきたいと思います。「知識」「技術」「人格」が三位一体となってはじめて、多くの人から信頼され、真の達成を成し遂げられる人物になれます。

［グランドルール❷］代価と報酬の原理

目先の快感を優先する人は、現状維持で変われません。達成するために、自分をもっと高めたい、学びたいと思ったら、専門分野の本を読んだり、各種セミナーや講演会に参加したり、通信教育などを受けてみるのもいいでしょう。趣味の分野を楽しむのも自己開発に役立ちます。求めるものに対しては正当な代価の先払いをしましょう。何を代償として支払うと一番早くかつ確実に手に入るのかを考えるのです。

忙しい人ほど多趣味というのは、そこから得るものが多いからでしょう。鋭気を養ったり、ストレスの発散には、自分が好きなことをするのが最適ですが、単なる楽しみのためだけでなく、つねに好奇心と探求心をもって長く続けることが肝要。

自己投資を惜しんではいけません。代価を払わずして報酬は得られないからです。人間の「思考＝土地」と考えたときに、土地が悪ければ、どんなに良い種を蒔いてもうまく育たないでしょう。向上心をもち、積極的な思考をもっていなければ、チャンスが巡ってきてもモノにすることができないでしょう。積極的に自分の未来に対して先払いをしていきましょう。

その意味では、苦しいことを楽しめるようになることが成功の秘訣かもしれません。期待を心にイメージしましょう。

以上のことを踏まえて、成功者とはどういう存在なのかを整理しましょう。

まず、必要な「知識（ナレッジ）」の部分は、「5つの基本的欲求」に沿った「健康」「心理学（人間学）」「職業」「お金」「趣味・教養」の分野です。

さらに次の7つの「技術（スキル）」を体得しています。

・**プライオリティマネジメントスキル**（優先順位）：
優先順位を守る。目標に向かって最優先テーマを実行する

・**コミュニケーションスキル**（意思の疎通）：
相手を理解し、自分の考えを相手に伝えることができる

・**ヒューマンリレーションスキル**（人間関係）：
どんな人とも仲良くなっていける能力を開発する

・**タイムマネジメントスキル**（時間管理）：
時間の有効活用と目的目標に向かって、効果的に行動を選択することができる

・**ネゴシエーションスキル**（交渉力）：

交渉力を駆使し、目的目標達成のために、ほかの人を最大限に活用し、自分の目標を達成する

・**ディシジョンメイキングスキル**（意思決定）：

願望実現に対して、効果的な意思決定ができる

・**マネジメントスキル**（管理能力）：

ほかの人々の協力を得て、組織的に目標を達成することができる

最後に「観点（マインド）」が正しくなければなりません。成功と失敗を分ける決定要因は思考（物の見方・考え方）の質であると言えるでしょう。

これは、物事を肯定的に捉える（可能思考）か、否定的に捉える（不可能思考）かということです。成功者とは最も身近な人から信頼され、尊敬される人物のことです。自分は活かされている、多くの人に支えら

れている。だからこそ、彼らに対してできる精一杯のことをする。そういう心が芽生えたとき、必ずあなたに力を貸してくれる人が現れます。自分だけでは実現できないことも人の力を借りることで可能になります。自己愛から隣人愛への移行。この「知識（ナレッジ）」「技術（スキル）」「観点（マインド）」の3つを兼ね揃える人こそが、真の達成を成し遂げられると言えます。

ただし、目的を達成するには段階があることを理解することも大切です。

種蒔き収穫の法則です。学習の段階、リーダーシップ形成の段階、挑戦の段階、富の形成の段階、社会還元の段階。何か新しい物事を始めるには、再度学習の段階になることもあります。自分がいまどのステージにいるのかを見極め、追求していかなければ、分散して次の段階に上がれません。

　達成は実践によってのみ実現します。知識を得たら、日常生活での習慣形成という訓練を重ねて、実行のレベルを高めましょう。知行合一、言行一致。本物か偽物かは、その人がしていることでわかります。

　グランドルールをおさえ、「知識」「技術」「観点」を磨いてください。成就・達成は毎日の習慣形成にあります。正しいステップを理解し、真の達成、

■成功者の定義

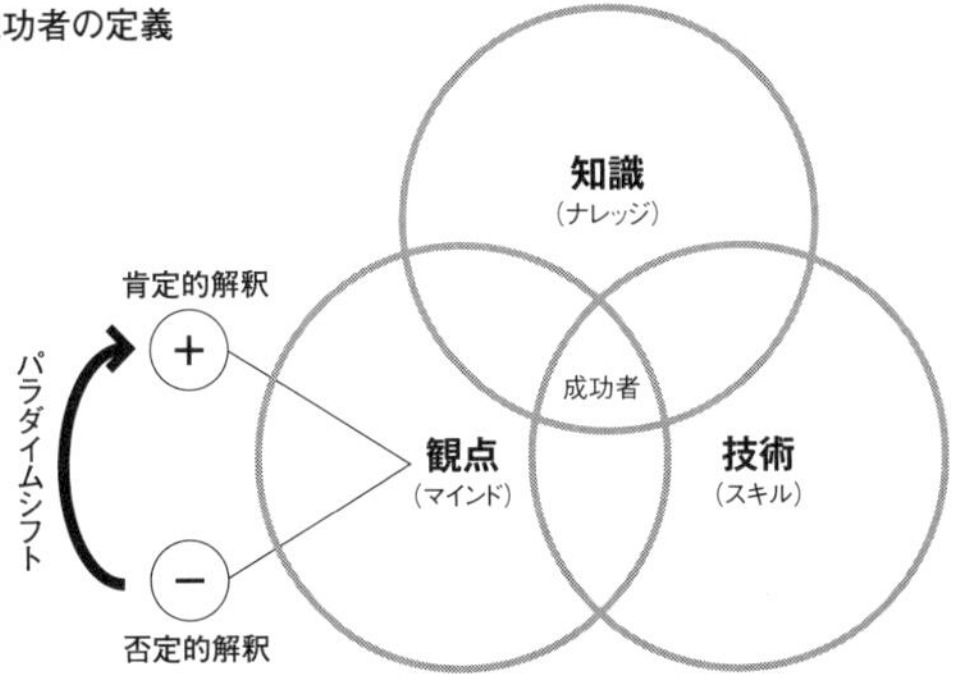

自己実現を手に入れましょう。

学習効果を高める方法

『頂点への道』講座では、3年で6回の再受講があると述べましたが、これは90日を人生の縮図としているからです。学んだことを90日間実践すると自分のパターンが見えてきます。そこで改めて思考（求めるもの）と行動（していること）を一致させる方法を学び、また90日間取り組む。3年で目標達成スキルを体得したら卒業です。

習得には遅れがあり、ある日突然腑に落ちたり、できるようになるものです。そこをセルフカウンセリングしながら、目的・目標に向かって、日々の行動を一致させているか日々確認します。

思考を管理する最良の方法は、目標設定です。目的から目標を設定し、

■戦略的人生経営

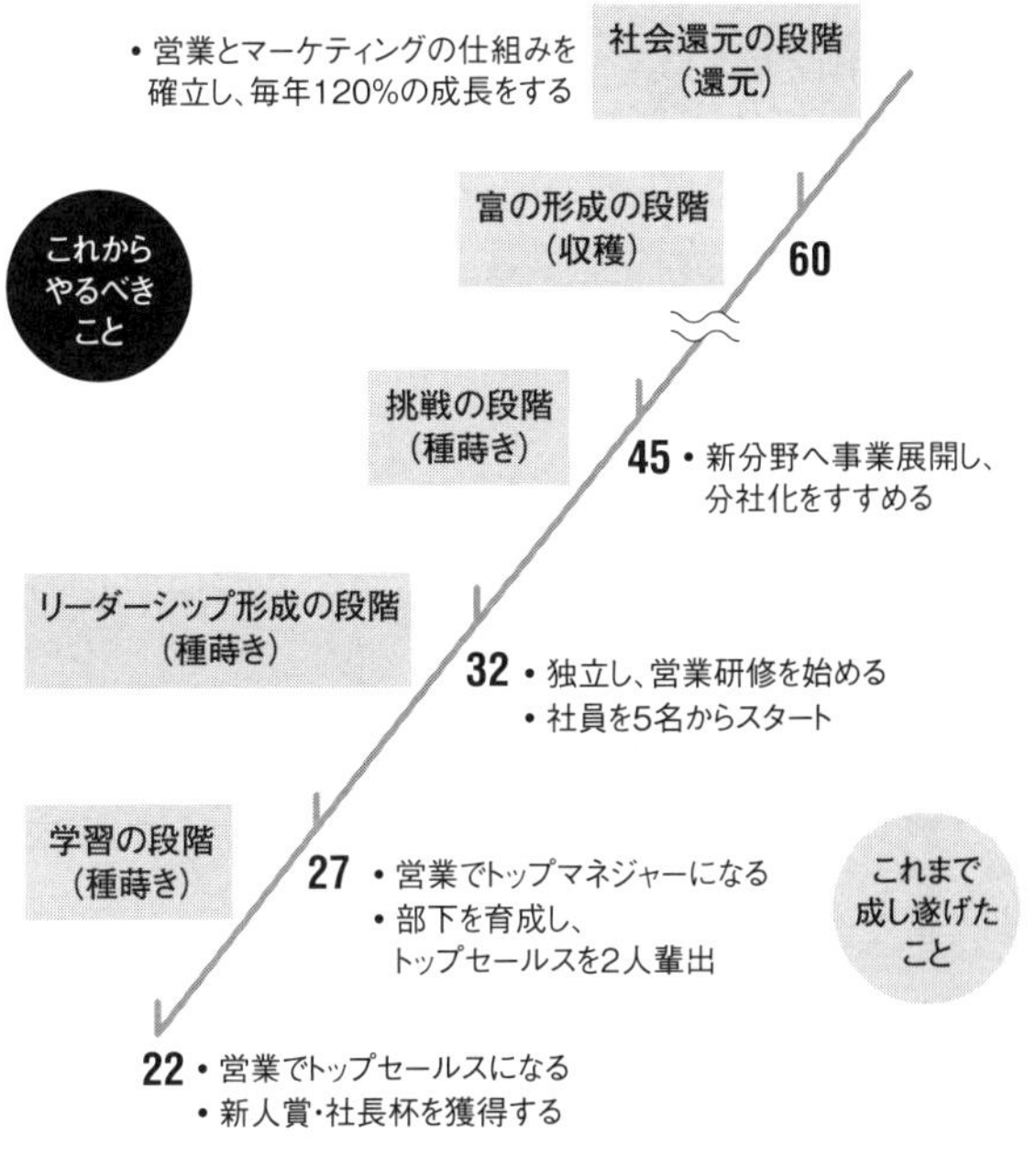

社会還元の段階
（還元）
・営業とマーケティングの仕組みを確立し、毎年120%の成長をする
富の形成の段階
（収穫）
60
これからやるべきこと
挑戦の段階
（種蒔き）
45
・新分野へ事業展開し、分社化をすすめる
リーダーシップ形成の段階
（種蒔き）
32
・独立し、営業研修を始める
・社員を5名からスタート
学習の段階
（種蒔き）
27
・営業でトップマネジャーになる
・部下を育成し、トップセールスを2人輩出
これまで成し遂げたこと
22
・営業でトップセールスになる
・新人賞・社長杯を獲得する

日々達成すれば、将来自分のやりたいこと・姿に自然と近づいていきます。達成は、毎日の生き方の中にあるものです。毎日最善を尽くして終える。自分が気分よく働けなければ、人のサポートはできません。自分の願望に正直に、大切なものを大切にして生きましょう。

自分でコントロールできるものだけに焦点を当てるのです。学業ができないと学校に行きたくなくなります。すると学業ができない友達と仲良くなって、さらに登校しなくなる。これと同じことがセールスの世界でも起きます。セールスができない人ほど売れないセールスと付き合う。日々、達成感を味わいましょう。いま結果の出ていない人も仕事を好きになる仕事の仕方をしましょう。すなわち、原理原則の周りを自分が回る。海・山に逆らう人はいないのと同じです。

変わるとは、頭で知るものではなく、目標達成の習慣を身につけることです。遺伝子を満たす生き方をするのが達成の原則です。

自分を知る5つの質問

達成するには、まず現在地が見えていなければなりません。達成の過程とは、その人の理想と現実のギャップを埋めること。そこで簡単な5つの質問を示しました。いまの自分を知るために答えていただきたいと思います。

自分の内面を深く理解できている人は、意外と少ない。達成するためには、達成者のメンタリティといまとのギャップを埋めなければなりません。5つの質問で、いまの自分がどんな心の状態であるかを見つめてみましょう。

1 心と身体の健康には自信がありますか？

心身ともに健康であるだけで幸福を得られます。いくら財産があっても、病気で床に伏せていては幸せとは言えないでしょう。健康であるからこそ、家族を愛し、仕事に意欲的に取り組み、健全な精神を保つことができるのです。

2 人間関係で悩むことはありますか？

人間関係を円滑にするためには、相手の立場に立って、相手の望みを大切にすること。あなたは自己中心的になりがちな自分の思考と行動を管理していますか？　自立心と自己責任感を持ち、他人から与えられたものではなく、自分でやると決めた目標をやり遂げよう、持続しようとしていますか？

3 自分の人生には価値がある、無限の可能性があると信じていますか？

いまの生活に充実感を感じていますか？　自信をもち、周りの人に感謝の気持ちをもっていますか？　自分を信じ、目標をもって生きていれば、日々の充実感があるはずです。

また、自分の能力を高め、可能性を広げる方法を知っていて、それに向けて努力しているでしょうか。専門分野の情報を積極的に集めていますか？　仕事以外の趣味も深く掘り下げてみましょう。必ず自分自身の力となって蓄積されます。

4 お金のことを心配したり、くよくよしたりすることはありますか？

いまのあなたは経済的に安定しているでしょうか。所得額の大きさではなく、衣食住が満ち足りながら「もっといい仕事をして、豊かな生活をするぞ」と将来に夢をもち、お金の「心配」ではなく、「計画」に希望をもてているでしょうか？

5 人生を楽しみ、心は安定していますか？

心の重心は安定していますか？　何かに対して不安、恐れ、苛立ち、焦りを感じていませんか？　心の安定は、ありのままの自分を受け入れてこそ、得られるもの。他人との比較や高すぎる望みは、焦りを生み出し、心を乱します。いまの自分を受容し、人生を楽しみましょう。

成功の5つの条件

自分の心の状態を客観的に理解したら、次に真の目標達成をするために次の5つの条件をご紹介しましょう。成功者の行動だけを真似ても達成できません。心の状態、身体の状態、人間関係などバランスを保ちながら正しく歩まねばならないのです。

◉成功の5つの条件

1 恐れ、怒り、罪悪感から解放された自由な心をもっている

2 健康で活力にみなぎっている

3 人間関係の悩みから解放され、すばらしい人的ネットワークを構築している

4　人生のライフデザインの元に経済的基盤を作り上げている

5　人生理念に基づき一貫性をもって生きている

1　恐れ、怒り、罪悪感から解放された自由な心をもっている

どんなにお金をもっていても、地位や名声があっても、恐れ、怒り、罪悪感など、マイナスの感情に縛られ、心に安らぎのない人がいます。また、「あの人だけは許せない」など深い恨みをもっている人もいます。過去の出来事が心に影を作ってしまっている状態です。

大切なのは、事実と解釈の違いを知ること。あなたは、コップに水が半分入っているのを「もう半分しかない」と捉えますか？「まだ半分もある」と捉えますか？

いずれにしても水が半分入っているという事実に変わりはありません。それをどう受け止めるか、どんな解釈をするかが現実に影響を与えます。

だとすれば、自分が求めている人生に対して、役に立たない解釈は一切しないほうが賢明でしょう。騙された経験から「もう人を信用しない」のか、「だからこそ、自分は誠実に生きよう」とするのか。解釈の仕方は自分で選択できます。

その最たるは、パナソニックの創業者であり、経営の神様と言われる松下幸之助氏でしょう。成功の要因について後年こう語っています。「貧乏で、無学で、そして病弱だったからこそ成功した」と。

周知のように、父親の商売がうまくいかず、小学校4年生で中退し、9歳で丁稚奉公に出されましたが、天寿を全うされるときには、日本一のお金持ちであり、世界有数のグローバルカンパニーを築き上げました。事業家としての成功に学歴や家柄など関係ないということの生き証人でした。

「貧しいからこそお金を大切にしよう」と思い、「無学だから、学のある人の話をよく聞こう」と努力し、「病弱だから、事業部制にしてどんどん人に任せよう」と英断し、ことごとく前向きな解釈をして偉大な成功者になったのです。

ウイリアム・グラッサー博士は、自己イメージと心の健康は密接な関係があると述べています。自己否定していると良い人生に入れないのです。すべてに感謝する。すなわち、すべてを肯定するとは、自己イメージを向上させることです。

ある2組の夫婦がいました。1組目は、夫が仕事熱心で社会的地位も高く、近所の評判もいい家庭でした。しかし、家族の時間がなかなか取れず、妻が始終文句を言っていて、遂には離婚に至ってしまいました。

もう1組の夫婦は、「いつも家族のために働いてくれてありがとう」と感謝する妻でした。この夫婦は、生涯、円満な家庭を築いていくでしよう。この違いはなんでしょうか？
人には知覚の窓というものがあります。

・自分にも他人にも知覚できる世界
・自分には知覚できるが、他人には知覚できない世界
・自分には知覚できないが、他人には知覚できる世界
・自分にも他人にも知覚できない世界

これら４つの世界で現実を捉えていくのです。１組目の妻は自分中心に物事を考えていたのでしょう。自分はこんなに家族のことを思っているのに、夫は理解してくれない。だから不平不満が絶えなかった。

一方、２組目の妻は、夫の知覚を理解しようと目的を一致させ、お互いに貢献できるよう主体的に行動していたからすれ違いが生じなかった。

結婚においても健全な自己イメージをもっている相手を配偶者として選んだほうが幸せな生活が送れるのです。自己イメージが低いと不愉快な比較をしてしまいます。比較からは良いものが生まれません。良いものがあると不満、悪いものを見たら現状維持となります。

受ける愛には不自由と不満が芽生えます。与える愛には自由と感謝が生まれます。主体的であることです。わたしが憧れの社長の元

■知覚の窓

自分にも 他人にも 知覚できる世界	自分には 知覚できるが 他人には 知覚できない世界
自分には 知覚できないが 他人には 知覚できる世界	自分にも 他人にも 知覚できない世界

で働かせていただいていたとき、最初はうまくやっていけるか自信がありませんでしたが、自分には何もなかったので尽くすしかありませんでした。ほかのメンバーは朝早くからおこなわれるミーティングに不満を言っていましたが、朝早くにも夜遅くにも感謝し、車を洗い、靴を磨き、彼女かと思われるくらい、ゴマをするのではなく、上司を素直に尊敬して尽くしました。その解釈力が人生を切り開いたのだと思います。

ほとんどの人は頭の中で考えているだけで、何もしていません。ある経営者から相談を受けたときの話です。

「自分はほんとうにダメな人間だ。どう思いますか?」と聞かれたので、わたしは、「ダメなんでしょうね」と素直に返答しました。すると、「それはないよ」と言ってくるのです。思わず「社長は、誰かにフォローしてもらいたくて自分を卑下する発言をしているのではありませんか?」と聞き返してしまいました。

「わたしの人生はわたしに責任がある」変えられないものに囚われず、自分の人生の舵を自分で取るために肝に銘じておいてください。

　誰だって自分が悪かったと認めたくありません。人は、うまくいかず怒りの感情が生まれると、誰かのせいにしたくなる生き物です。愛の裏返しが憎しみ。なぜなら自分の存在意義がかかっているから。

　あなたは日々、新しい自分に出会っています。あなたがどう生きるかはあなたが選択できます。憎しみを抱く相手を心から赦してほんとうに幸せになれるのは、赦した人です。相手は相手でしかない。人それぞれで、一切比較しない。記憶を引きずると赦せません。人は不完全。どこが足りないではなく、どうしたら力を合わせてできるかを考えましょう。

　自分のためだったらとあきらめてしまう人もいるかもしれません。でも、ほかの人のためだったらあきらめきれないことがあります。だからこそ、土台に愛を置いてほしいのです。

2　健康で活力にみなぎっている

どんなに財をなしても、地位や名声を得ようとも、身体を壊してしまっては元も子もありません。健康こそ溌剌《はつらつ》とし、活力に溢れた毎日を送る大前提です。

これは、日々の摂生によって構築していくものです。次に健康管理の7つのポイントを明示します。自分がどれだけ実践できているかチェックしてみてください。暴飲暴食、規律の乱れた生活は、健康を損ない、エネルギーも蓄積されません。規則正しい生活、栄養バランスの取れた食事、適度な運動を心がけて、人生を楽しく充実させる基盤をしっかり作りましょう。

◉健康管理の7つのポイント

□適正な睡眠時間

□喫煙をしない
□適性体重を維持する
□過度の飲酒をしない
□定期的に発汗できるスポーツをする
□朝食を毎日食べる
□間食をしない

客観性に乏しいと不摂生になりがちです。自分が捉えている現実ではなく、原則中心の生活を送ることです。

■原則中心の生活

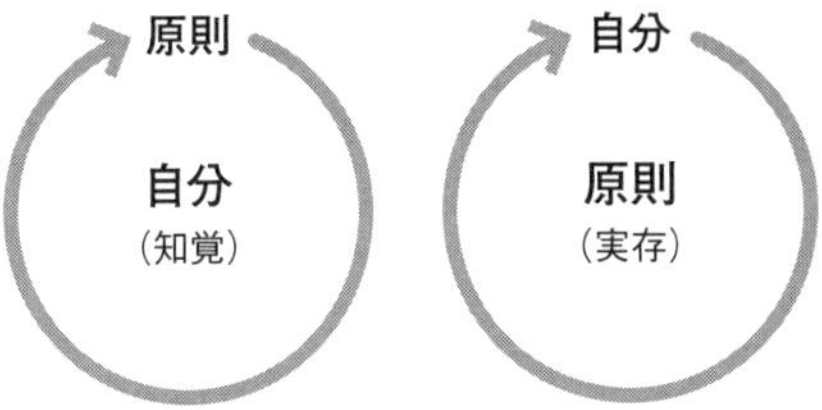

知覚…自分が捉えている現実

原則…自然界の摂理。あらかじめ定められているもの、
知覚できないが、実存するもの

3 人間関係の悩みから解放され、すばらしい人的ネットワークを構築している

アメリカの統計によると、「わたしは今現在、幸せな結婚生活を送っている」と答えた人は、100人のうちわずか5パーセント。「まあ、こんなもんでしょ」という人は10パーセント、残りは「もう1回やり直したい」と答えたというのです。

こうなってしまった理由は、夫婦として愛を育てていく「時」をお互いが持たなかったからでしょう。また、相手を変えようという気持ちがあったのではないでしょうか。

愛を人生の中心に置いている人と、お金やそれ以外のことを中心に置いている人とでは、周りに起こる現象が違ってきます。

相手への尊重がなく、相手を変えようという心は、人間関係では最も慎むべきことです。人の心を支配しようとするも同然だからです。幸せ

な夫婦関係が築けないのは当然でしょう。ありのままの相手を受け入れ、寛容であること。人格そのものを愛するのが真実の愛です。

ウイリアム・グラッサー博士は次のように述べています。

「誰かが真にわたしに関心を持ち、わたしのことを気遣っている。思ってくれている。そして、わたしもその人に関心を持ち、その人を気遣い、その人のことを思っているといった親密な関係。誰かがわたしを愛している、また、わたしもその人を愛しているという確信。こうした関係の成立と確信が関わり合いの内実である」

愛とは、愛する対象者の望みを叶えてあげることです。相手の立場に立ち、相手に喜んでもらえる生き方を大切に、家族に感謝して日々を過ごしましょう。

選択理論心理学では、「人間関係構築の原則」と「人間関係破壊の原則」を定義しています。

人の行動は外部の刺激による反応ではなく、自らの選択であるというのが選択理論心理学ですから、内的コントロール理論とも呼ばれます。そこから導き出された「人間関係構築の原則」が、思いやりを示す7つの習慣です。一方、人の行動、感情は外部の人や環境から刺激に対して反応するという外的コントロール理論に立脚している従来の心理学では、7つの致命的習慣のようなアプローチで関わろうとします。

求めているものと現実のギャップの中で7つの致命的な習慣を使いたくなるときがくるかもしれません。たとえば、子どもが宿題もやらずにテレビを見て夜更かししている。宿題をやらなければ、良い子になれないという思い込みから致命的習慣を使いがちですが、人はコントロールできないので、選択理論的なアプローチに変えましょう。テレビを見る時間をルールとして決めておく。すると、子どもも納得感をもてます。

■7つの習慣

普段自分が習慣としていることに、それぞれチェックを入れてみてください

人間関係構築の原則	人間関係破壊の原則
思いやりを示す7つの習慣 （愛の原理） 内的コントロール理論	7つの致命的習慣 （力の原理） 外的コントロール理論
□ 1. 傾聴する □ 2. 支援する □ 3. 励ます □ 4. 尊敬する □ 5. 信頼する □ 6. 受容する □ 7. 意見の違いについて常に交渉する	□ 1. 批判する □ 2. 責める □ 3. 文句を言う □ 4. ガミガミ言う □ 5. 脅す □ 6. 罰する □ 7. 自分の思い通りにしようとして褒美で釣る

外的コントロール理論… 人の行動、感情は外部の人や環境からの刺激に対して反応するという従来の心理学（刺激反応理論）

内的コントロール理論… 人の行動は外部の刺激による反応ではなく、自らの選択であるという理論（選択理論）

土台に敷いているものが違うのです。「人間関係破壊の原則」の根底にあるものは力です。相手は自分にとっての競争、競合であって勝ち負けの世界です。淘汰を続けていけば、やがて分離や破壊に至ります。

一方、「人間関係構築の原則」は土台に愛があります。どうしたら協力できるのか、協調できるかを重視しますから、双方勝利、Ｗｉｎ‐Ｗｉｎの関係が結べて共に成功、繁栄していけるのです。愛とは愛する対象者が到達しうる最高の祝福に至ることを願い、そこに至った時にそれを喜ぶ心を言います。愛とは他人の可能性の追求に誠意を傾けることです。人は変えられないと思いましょう。愛は耐えることでもあります。一切、批判をしなければ、最初は怠惰に振る舞う人もいるかもしれませんが、最終的には自己評価で必ず改善される。ガミガミ言うと、他者に評価されているので、外へ外へと逃げていきます。

どんなときでもこの目的から外れないでください。家族も含めて周りの人々と幸せになるために、どういう表現の仕方をするかを究めることも、達成の重要なポイントです。

4　人生のライフデザインの元に経済的基盤を作り上げている

目的を達成するには、種蒔き収穫の法則に則った5つの段階があると述べてきました。学習の段階、リーダーシップ形成の段階、挑戦の段階、富の形成の段階、社会還元の段階です。

それぞれのステージに応じた経済的基盤の確立は必須です。資産を築くためには4段階あると言われています。投資をして能力開発をする→稼ぐ→蓄える→増やす。この善循環で富める者は、ますます富むのです。

世界の億万長者に「なぜあなたは成功したのですか?」と質問すると、次の5つの理由に集約されたそうです『なぜ、この人たちは金持ちになったのか――億万長者が教える成功の秘訣――』（トマス・J・スタンリー、広瀬順弘訳、日本経済新聞社、2001年)」。

①誠実（正直）であったから
②自制心（自己鍛錬）があったから
③社会性に富んでいたから
④パートナーに恵まれたから
⑤勤勉であったから

成功者は、自分ほど人に尽くす人はいない、自分をうまく使うことができれば必ず繁栄するという確信をもっています。

■資産を築く4段階

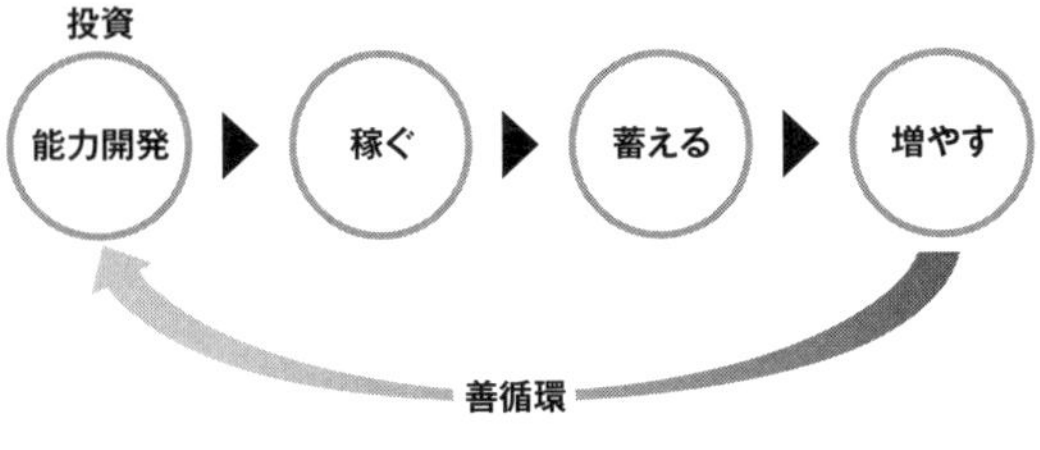

目標が変わるとやらなければならないこと（ＭＵＳＴ）が変わります。ではＭＵＳＴができるようになるためには、どうしたらよいのでしょうか？

それが能力開発なのです。稼ぐとは、価値を提供すること。相手の望みを叶えられるスキルを身につけるのが達成の第一歩です。

また、目的をもったとき、あるいは何かチャンスが巡ってきたとき、実現するためには相応のお金が必要です。普段から貯金をする習慣を身につけておきましょう。「備えあれば憂いなし」は有事の際だけではなく、先行投資をして機会を掴むための準備でもあります。

欲望に流されるままに浪費したり、必要以上の贅沢をしていたら、いつまでたってもお金は貯まりません。年収の２倍〜３倍の貯蓄があれば、最低でも経済的な不安からは解放されるでしょう。

5　人生理念に基づき一貫性をもって生きている

人生理念は、価値観、信条などと述べました。そこには価値ある目的を置くべきです。価値ある目的とは、自分のためだけではなく、人々の役に立つものでもあるということ。自分の理念が、人々や社会への奉仕となっているか、時折、再確認することをお勧めします。

「こうなりたい！」と、価値ある目的と理想に生きることは、生きがいをもち、ハリのある人生につながります。なぜなら、目的意識をもった行動は、どんなに小さな達成でも充実感と自己実現感をもたらし、「生きていてよかった」という心からの感動と「自分はできるんだ」という肯定的な解釈を生み出します。「いつも良いことが起こるような気がして仕方がない」という精神状態で生きられれば、積極的に人生を生きることができます。過去に起こった出来事も、すべからくいい思い出として捉え直せるでしょうし、あのおかげでいまの自分がいると感謝の気持ちをもてるようにもなるのです。

ただし、理想と夢想の違いをしっかりと理解しておかなければなりません。

セールスはどんなに知識があっても、想いが強くても、アポイントを取らなければ実績は上がりません。実行がすべて。理想とは、現実的に実践に生きることです。形而下の世界。成否は実行の質に左右されます。反対に夢想とは非現実的で実践のない世界です。形而上だから成否は思いの質だけです。

人は皆、自分という会社の経営者です。いかに自社の市場価値を高めてい

■理想と夢想の違い

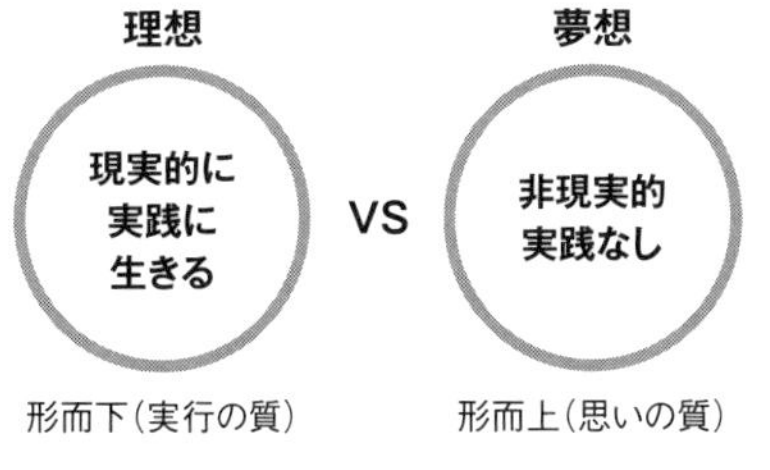

くかという経営者の視点をもちましょう。

以上の5つの条件を満たしていく生き方が、真の目標達成を成し遂げるための条件です。

成功の定義

ここで、成功を深く掘り下げてみましょう。ビジネスでの成功や蓄財が、思うがままであれば、それに越したことはありません。しかし、誰かを犠牲にしたり、行き着いた先に胸襟《きょうきん》を開けるような友がいなければ、それは理想的な達成の仕方、成功の状態とは言えないでしょう。

真の成功の先では、自分はもちろん、周りの人々も幸せな気持ちになっています。成功とは具体的にどんな状態を指すのか？　わたしは次のように定義しています。

成功とは、社会正義に反することなく、他の人々の基本的欲求充足の手助けをしながら、自己の定めた目的・目標を自らの意思で達成していく道程のことである。

誠実も思いやりも愛も概念ではありません。行動で示されるものです。どれだけ周りの人を成功させているか、助けているかが問われます。

「選択理論心理学」では、行動の判断基準として3つのRを提唱しています。

1　正しさ＝Right

社会正義に反する生き方に成功は存在しません。人は誰でも正しさの基準をもって生きていますが、それが狂っていたら、真の成功や幸せは望めません。

たとえば、癒着や賄賂などは、どんな大義名分があろうと決して正当化されません。私利私欲だけに走ることは、その時点ですでにモラルハザード（倫理の落とし穴）に陥っています。「自分さえよければ……」という考えを人生から排除すべきです。

2　責任＝Responsibility

自分の行動に責任をもち、自分の欲求を満たすときに、他人の欲求充足の妨げをしない。自分を肯定するために他者否定したり、周りに責任をなすりつけるのではなく、現実を直視し、すべて自分の責任によって行動することを念頭に置いた生きざまを貫くこと。

3　現実＝Reality

非現実的な行動をしているかぎり求めているものは手に入りません。
ダイエットをしてやせたいと言いつつ、毎日甘いケーキを食べている人がいます。質の悪い仕事をしていながら、報酬だけは高く望む人もいます。つまり、自分では代償を払わずに報酬を得たいと考えている人です。

金の卵とその卵を生むガチョウの物語がありますが、現実の世界では自分が金の卵を生むガチョウになる以外、成功する方法はありません。誰でも現実と理想とのギャップに悩み、現実と願望が一致しないことに苦しみます。現実と非現実を冷徹に見極め、願望と現実を一致させるように日々自らを向上させる以外に逃れるすべはありません。報酬は自分の提供するサービスの質に対して与えられる祝福です。「与えてから与えられる」これが現実の世界、自然界のルールなのです。

物心共に豊かな人生を実現したければ、どれだけ多くの人を豊かにできたかを指標にしてみてください。あらゆる商品、あらゆるサービスは、人々の必要を満たすためのものであり、より多くの人々の必要を満たすことは何かをつねに考えましょう。そして、そのために何ができるのかを考えてみましょう。

成功とは、探し求めた目標の満足いく達成である

――ノア・ウェブスター

目標は、あくまでも懸命に探し求めたものであることが不可欠です。気分で定められたようなものではなく、「どんな自分になりたいのか」「ほんとうにしたいことは何か」じっくり考え、目的の延長線上に目標があるかをつねに考えましょう。

ロバート・シュラーの言葉を借りれば「成功とは、自己の可能性の限界に到達すること」です。失敗への恐れから、人は自分に甘い目標を設定しがちです。とはいえ、現実離れした高すぎる目標を設定することも

好ましいとは言えません。いまの力量をよく見極め、現実の延長線上に目標を設定しましょう。たとえば、ビジネス英語をマスターすると決めたら、単語を1万語はおぼえる、文法の参考書を1冊解けるようにするなど、習得するまでにたくさんの要素がありますが、一度に取り組めるのはひとつずつです。小さな目標を段階的に達成していくことが、大きな目標の達成につながります。

そうして目標達成へ到達するためのプロセスを踏んでいく作業は、コインの裏表の関係にあります。プロセスが悪いと達成できたとしても、永続的な繁栄は望めません。家族をないがしろにして仕事に没頭していれば、ビジネスの目標は達成できるでしょうが、そのような状況が長引けば家庭は壊れていきます。達成とは、1日1日の生き方そのものです。「時間がない」「忙しい」と大切な人との時間をなおざりにしていませんか？　ただ暇だからと、ダラダラ時間を潰したり、付き合いの飲み会に参加したり、無駄に浪費をしていませんか？　毎日ベストを尽くし、満足した1日を過ごしましょう。

目標達成へ向かう道はふたつあります。専門性を追求してプロフェッショナルとなるか、組織者となるか。

専門職（プロフェッショナル）は、医師、弁護士、会計士、プロスポーツ選手、教授、プロのコンサルタントなど個人として特別な技能を持ち合わせている人です。

一方、組織者（マネジャー）は、経営者など人・物・金を組織し、付加価値を生み出すことによって経済的繁栄を創り出せる人です。

自分を見極め、どう価値を高めていくのかを戦略的に考えましょう。

成功タイプと失敗タイプ

成功タイプと失敗タイプを、次の4タイプに分類しました。

・**成功タイプ**：熱意があり、周りの人々とも協調し、貢献の精神で目的・目標に対する強いこだわりをもっています。勝ち勝ちを追求し、真の豊かさを得ます。

・**貧乏な自己満足タイプ**：お人好しで、自分を犠牲にして相手を勝たせてしまう負け勝ちのタイプです。成果よりもその場の気分に流される傾向があります。

・**孤独な物持ちタイプ**：達成への熱意はあるが、自己中心的で、競争心が強く、成果は出しているが、真の人間関係は築けないタイプです。

「人に負けない」ことが価値観として根付いていますから、勝ち負けで覇道を突き進むと言えるでしょう。

・**失敗タイプ**：熱意も責任感も薄く、競争心だけが強い人です。他人や環境のせいにして貶《おとし》める負け負けの振る舞いをします。

あなたはどのタイプでしょうか？　印をつけてみてください。さらにそれを4分割してどこに当てはまるか考えてみましょう。

■成功のタイプと失敗のタイプ

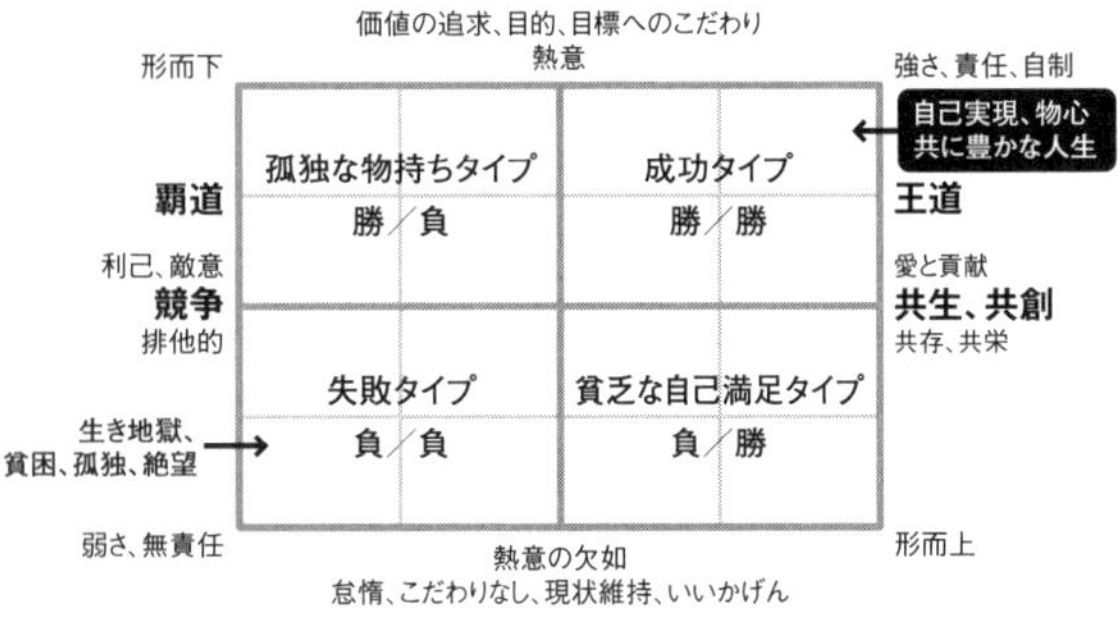

競争は自分のための自己実現、共生・共創は人のための自己実現をめざします。負け勝ちの人は、精神論に走りがちなので経済的に豊かにはなれません。ただ、自分の意味、期待、両親の愛がわかると勝ち勝ちへと移行できます。勝ち負けは、達成へのこだわりがありますから、一時的にトップになるなど出世しますが、いつかは落ちるときがきます。勝ち勝ちが経営者には必要です。創業10年以内に9割の会社が潰れる現実が、この事実を物語っています。

後継者育成とは自分を超える人材を育てること。全社員を勝ち勝ちに入れるのが人材育成です。愛を行動で完結する。社員を物心共に豊かにする。毎朝、目的・目標を確認させて、会社と自分の未来を重ね合わせてもらうのです。

自社の目的を一緒に担いで歩むのが経営。小金が貯まったら経営者だけ悠々自適に海外生活を満喫して実務をしないのではなく、社員・顧客と共に生きることが幸せと思えなければ、まだまだ経営者として能力開発が必要です。

真の成功は、自分自身の成功と他の人々への貢献がひとつになるところにあります。

事業家であれば納税、プロスポーツ選手であれば観客を楽しませること、セールスパーソンであれば商品の普及などです。

なぜ、あなたは成功しなければならないのでしょう。その理由を5つ書き出してみてください。

■真の成功の状態

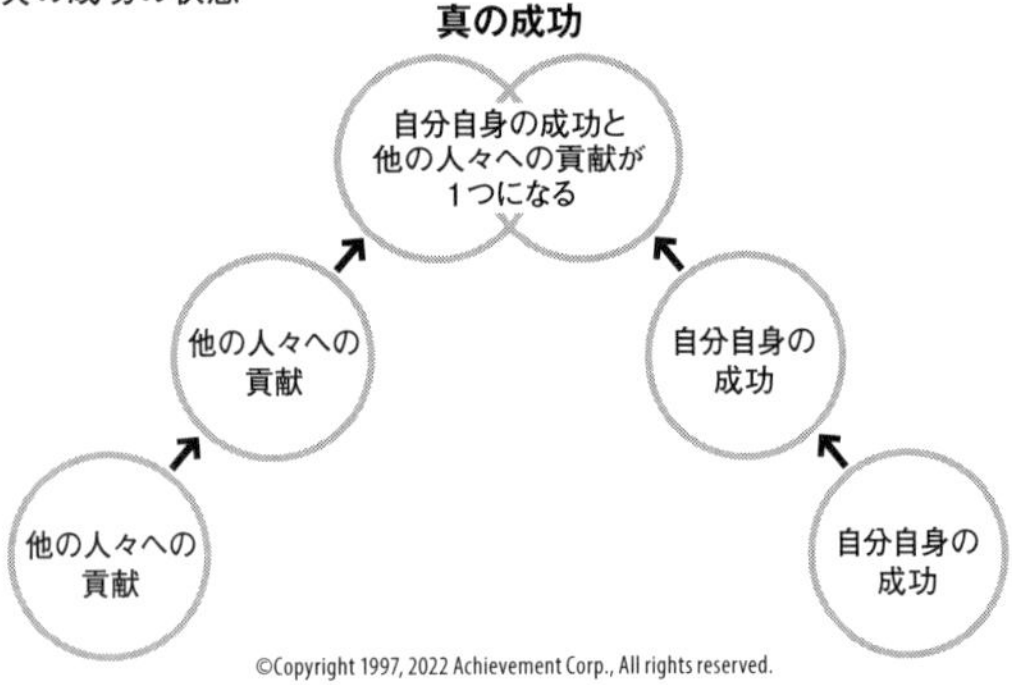

なぜ、あなたは成功しなければならないのでしょうか？
その理由を５つあげてください

1.

2.

3.

4.

5.

いかがでしょう？　これらをすべて集約すると「愛」という言葉になりませんか？

「愛」とは自己愛と隣人愛のことです。このワークでいままでお世話になった人の名前が出なかったら、自己中心的なエネルギーで達成をめざしているということです。組織者にはなれません。

さまざまな偉人を研究した結果、ある共通点がありました。彼らは、まったき愛の人

■成功者の2大特徴

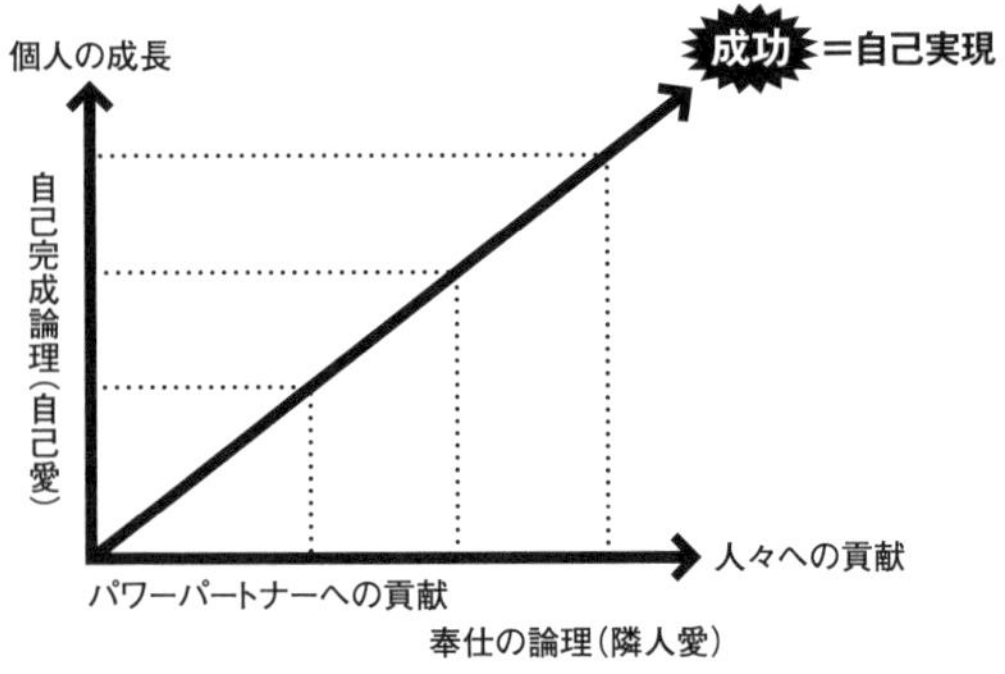

になろうとした。偉人は思想が大きいのです。自分の命を投げ打ってでもほかの人のためにというくらい人々への貢献意識が強い。目的が人を育てるのです。

「人のために」と生きている人にはパワーがあります。真のリーダーは弱い人のために存在する。小成は大成の敵。小さな成功を手に入れた瞬間が一番危ないのです。弱い人の切り捨てではなく、愛を土台にしたときに信念は突き抜けます。

成功したとき、あなたはどんな人物になっていますか？　自己完成論理だけで勝ち負けの人生を送っていますか？　それとも他者への貢献を追求していますか？

達成をめざすときに、準備しておくべき最も大切なことは「理想の自己イメージ」を確立することです。自分の将来に対して、周りに貢献できるような明確なイメージを心の中にもちましょう。

成功者としての理想の自己イメージを視覚化する

1. あなたが今まで出会った人物の中で、
将来この人のようになりたいという最も尊敬する人物は誰ですか?

何故ですか?

2. その人のどのようなところが感心させられるところですか?

(1)

(2)

(3)

(4)

3. あなた自身はどのような人物になりたいと思いますか?
理想の自己イメージを下記にまとめて下さい

・自分にとっての成功の条件は?また実現の状態は?

第2章

真の目標設定

目的と目標は違う

目的とは、自分の価値観や信条、理念です。その目的を遂げるために目標を設定していきます。目標とは、自分が掲げた目的を達成するため、いつまでに、何を実行していくのか、期限とレベルをはっきりと定めたものです。

たとえば、人生の目的は「家族を守り、会社の一員として質の高い仕事を通して社会に貢献していくこと」だとします。この目的を遂げるには、何をしたらいいのか、具体的な行動を示す指針が必要です。1年以内に「社内の資格テストに合格する。日常会話レベルの英語力をつける。人脈を作る」とし、5年後までに「仕事の分野を国内から世界に広げる。

海外の駐在員になる」ことを目標に頑張り、10年後には「一部門の責任者になって、優秀な部下をもち、より大きな仕事をする」などと段階を追った目標を考えます。

ある期間で到達するためには、さらに詳細な計画が必要になります。たとえば、「1年以内に英語を身につける」ためには、「英会話教室に毎日通う」「ネットやラジオの英会話講座を毎日聞く」などです。これが一連の流れであり、どの過程も欠けてはなりません。

人生の目的を考える

あなたの人生の目的はなんですか？

この問いに対して、すぐに答えられる人は少ないのではないでしょうか。小さなころは夢を描いていても、大人になるにつれ、日常の仕事や生活に埋没してしまい、なかなか客観的に自分を振り返る余裕がなくなってきます。「こうあるべき」「こう生きるべき」という社会の通俗的な規範に引きずられ、「何がしたい」のかが漠然としてしまいます。流されてなんとなく生きている人も多くいます。

具体的な目標設定をするときは、土台となる人生理念について深く考え、自分の人生の目的を知り、それをいつも自覚する必要があります。

まず、自分自身の人生の目的を探ってみましょう。もし余命3ヵ月と宣告されたら、残りの時間を誰と一緒に過ごしますか？　あるいは、墓碑にどのような言葉を刻みますか？　自分自身にどんな弔辞を読み上げますか？　ここにキーワードをリストアップしてみました。これらの中から、自分に合ったキーワードを3つ選んでみてください。価値観が浮き彫りになるはずです。

人生理念のキーワード

1 □ 愛	2 □ いたわり	3 □ 援助
4 □ 思いやり	5 □ 感謝	6 □ 完全
7 □ 希望	8 □ 勤勉	9 □ 謙虚
10 □ 献身	11 □ 健全	12 □ 向上心
13 □ 公平	14 □ 最善	15 □ 正直
16 □ 純粋	17 □ 従順	18 □ 実践
19 □ 信仰	20 □ 親切	21 □ 栄誉
22 □ 慎重	23 □ 真剣	24 □ 真理
25 □ 信用	26 □ 信頼	27 □ 正義
28 □ 成長	29 □ 誠実	30 □ 責任感
31 □ 善良	32 □ 尊敬	33 □ 慎み
34 □ 忠実	35 □ 道徳	36 □ 努力
37 □ 忍耐	38 □ 熱心	39 □ 平安
40 □ 平穏	41 □ 平和	42 □ 奉仕
43 □ 誇り	44 □ 真面目	45 □ 約束
46 □ 優しさ	47 □ 安らぎ	48 □ 勇気
49 □ 喜び	50 □ 礼儀正しい	51 □ 卓越
52 □ 上質		

■自己記入欄

53 □	54 □	55 □
56 □		

人生理念とは、個人の最も大切な価値観、信条。国家における憲法のようなもの。法人では企業理念に相当します。まさに自分の存在価値であり、自分の考えで自分のために定義すべきものです。燃え尽き症候群に陥ってしまうような人は、人生理念を明確にもっていないからだと言えるでしょう。

あなたは何を基準として、またどんな価値観をもっているでしょう。日ごろ大切にしている価値観、哲学、信条、理念を書き出してみてください。

次に挙げるキーワードは、あなたの基本的欲求を明確にするものです。自分の望んでいることにチェックをしてみてください。いままで気がつかなかった「自分」が見えてきます。

- □ 優雅な生活（D）
- □ のんびりとした人生（D）
- □ 円満な家庭（B）
- □ 趣味のある人生（E）
- □ 人との交流の多い生活（B）
- □ 高い報酬（C）
- □ やりがい・充実感（C）
- □ 組織に束縛されない仕事（D）
- □ 規則正しい生活（A）
- □ 適度な運動（A）
- □ 人の役に立つ人生（C）
- □ 健康的な食生活（A）
- □ 変化に富んだ人生（E）
- □ 身近な人との良好な関係（B）
- □ ストレスのない生活（D）
- □ 面白さ（E）
- □ 財産形成・経済的自由（D）
- □ 権威や高い地位（C）
- □ 周りからの尊敬・信頼（C）
- □ 笑いと喜びに満ちた人生（E）
- □ 子孫繁栄（A）
- □ 適度な休暇（A）
- □ 好きなことができる生活・仕事（E）
- □ 愛に溢れた暮らし（B）
- □ 同じ趣味・目標の仲間がいる（B）

キーワードにあるA～Eのアルファベットは、それぞれ次の欲求を示しています。

A　生存の欲求……健康や身の安全、長生きの願い、病気をしたくないといった身体に関する願望

B　愛・所属の欲求……他人と関わっていたいという欲求

C　力の欲求……何事かを成し遂げることにより、自分が価値あるものであることを確認したいという欲求

D　自由の欲求……束縛から離れ、自立したいという欲求。多くの収入を得、経済的に豊かな人生を送りたいという欲求

E　楽しみの欲求……喜びを得ることにより、心を豊かにしたいという欲求

あなたはどの欲求が強かったですか？　そこから人生において求めるものを改めて書き出してみましょう。

あなたが望んでいる生活は？

ここでは、具体的にあなたが望んでいるライフスタイルを明確にしていきます。あなたが望むライフスタイルの□にチェックを入れてください。その中から最も望むもののひとつを選び○で囲んでください。

- □ 現状維持的な生活
- □ 人に誇れる生活
- □ 自然のままの生活
- □ 尊敬される生活
- □ 安定した生活
- □ 健康な生活
- □ 仕事中心の生活
- □ 規則正しい生活
- □ 築き上げる生活
- □ 人の模範となる生活
- □ 晴耕雨読の生活
- □ 他人と違った生活
- □ 静かな生活
- □ 落ち着きのある生活
- □ 不安のない生活
- □ 挑み続ける生活
- □ 人との交流が多い生活
- □ 働かなくてもよい生活
- □ 団らんのある生活
- □ 他人と共感しあう生活
- □ 趣味に生きる生活

あなたはどんな生活を送りたいですか？　理想のライフスタイルをまとめてみましょう。

あなたはどんな仕事がしたいのか？

あなたは、いまの仕事に楽しみを見出せていますか？　どんな職に就こうと、楽しみを見つけ、主体性をもって取り組む姿勢はとても大切です。

しかし、自分に適しているかを判断し、もっている能力をより有効に生かせる職業を知ることは、ビジョンを打ち立てる上で有用です。ここでは、改めて自分の職業的興味を探ってみます。以下の中から、興味、関心のある職業形態にチェックをしてみてください。

それぞれのキーワードは、次のように分類されます。

□ マイペースにできる仕事（B）
□ 思考力を必要とする仕事（E）
□ 戸外で人と会うことの多い仕事（A）
□ 先の予測が厳しい仕事（D）
□ あまり目先の変わらない仕事（C）
□ 行動力が必要な仕事（F）
□ 人にモノを教える仕事（A）
□ 体で覚える仕事（F）
□ その時々で内容が変わる仕事（D）
□ 個人作業の多い仕事（B）
□ やり方が決まっている仕事（C）
□ 緻密に物事を考える仕事（E）
□ 活動的な仕事（F）
□ 状況に応じて目まぐるしく変化する仕事（D）
□ 長期的に安定的な仕事（C）
□ 頭を使ってジックリやる仕事（E）
□ 短期的に変化する仕事（D）
□ １人で調べものをするような仕事（B）
□ 論理的な仕事（E）
□ パターン化された仕事（C）
□ 人を援助するような仕事（A）
□ データに基づいて進める仕事（E）
□ つねに目先が変化する仕事（D）
□ １人でコツコツやる仕事（B）
□ やる事が決まっている仕事（C）
□ 大胆な行動を要する仕事（F）
□ 多くの人と触れ合う仕事（A）
□ 仲間といっしょにやる仕事（A）
□ 室内で机に向かう仕事（B）
□ 体を動かす仕事（F）

A　対人接触の多い仕事
B　1人でコツコツやる仕事
C　長期安定的な仕事
D　変化に富んだ仕事
E　ジックリ頭を使う仕事
F　バリバリと行動力を生かす仕事

どんな仕事が理想ですか？　あなたの求める仕事をまとめてみてください。

……………………………………

……………………………………

……………………………………

……………………………………

ゴールからのアプローチによる目標設定

いままで自分自身の価値観を確認してきました。これらを踏まえて、人生の目的、ビジョンを描いてみましょう。ビジョンは夢、願望、希望であってもかまいません。

わたしの人生の目的

……………………………………………………………………

……………………………………………………………………

……………………………………………………………………

……………………………………………………………………

……………………………………………………………………

……………………………………………………………………

……………………………………………………………………

人生のビジョン（あるいは将来の夢、願望、希望）

……………………………………………………………………

……………………………………………………………………

……………………………………………………………………

……………………………………………………………………

……………………………………………………………………

……………………………………………………………………

……………………………………………………………………

自己資源分析表

ビジョンが固まったら、目標を設定する前に自己分析できていることが重要です。自己資源と自己の強み弱みを知ることで、長期的・客観的・本質的な精度の高い目標を作り上げることができます。

	仕事・職業経験	能力・知識	技術・技能・資格	財産・資産	人的ネットワーク	その他
いつでも使える状態になっている資源						
少し磨けばまだまだ自分にとって有効な資源となり得るもの						
現在のままだと陳腐化してしまう恐れのあるもの						
今後、必要になってきそうな資源						

自己の強み・弱みの分析（成功・失敗の因果関係分析）

	過去の最も大きな成功		過去の最も大きな失敗	
	仕事関係	仕事関係以外	仕事関係	仕事関係以外
内容（結果）				
成功要因・失敗要因（原因）	自分・他者・環境に分けて記して下さい	自分・他者・環境に分けて記して下さい	自分・他者・環境に分けて記して下さい	自分・他者・環境に分けて記して下さい
	（自分）	（自分）	（自分）	（自分）
	（他者）	（他者）	（他者）	（他者）
	（環境）	（環境）	（環境）	（環境）

成功・失敗から学ぶこと	自分の強み・プラス面	自分の弱み・マイナス面

自己の課題の確認（ニーズの確認）

	健康・体力	家庭・家族	人間関係	現在の仕事・職業	自分の能力	趣味・余暇・蓄財
自分なりに満たされているもの						
満たされていないもの						
さらに満たしたいもの						
満たすための方法						

時間軸で目標を細分化する

わたしの知り合いで「1年後にアメリカに留学してMBA（経営修士）に挑戦する」という目標を立てた人がいました。意欲的な人だと感心し、何気なく「TOEFLは何点くらい？」と聞いてみました。

すると「英語は中学、高校でやった程度で、それも受験英語ですから、全然しゃべれません。これから勉強するんです」と聞いて驚いてしまったことがあります。

最終ゴールに「MBAの取得」があってもかまいませんが、現段階では大きすぎる目標です。たとえば「英会話スクールに通って、この2年間で日常会話をマスターする」という少し小さな目標を最初に立てるべきです。

目標には長期、中期、短期目標があります。時間軸を十分に考慮した目標が必要です。長期目標は最終的なゴールで、5年以上が目安となります。中期目標は、現時点と最終目標とを結ぶ目標で1～5年未満です。短期目標は、1年以内の目標と分類できます。

目標設定のヒントとコツをご紹介します。次の図を見て、自分の役割とそれらが環境の変化によってどのように変化するのかを書き出してみてください。役割毎に目標を考えることにより、その次に述べるパワーパートナーに対する貢献もわかります。

自分が成功させたい人で、その人の成功が自分の成功となる人のことをパワーパートナーと言います。共に力を合わせて生きてゆく人々の質と量が自分の成功を決定しています。詳しくは後述しますが、満足する人生を送るためには、パワーパートナーと共に成功するという考え方が重要です。自分のパワーパートナーを書き出し、彼らと良い関係を築い

自己の役割（求められている役割の現在と変化後）

あなたが周りから求められているさまざまな役割を考えてみよう。また、それを変化させる環境変化を挙げて、いまの役割がどのように変わるのかを書き出します。

■役割変更をきたす環境変化

現在　変化後	■会社や仕事におけるあなたの役割、またはそこにおいて求められている役割	■家庭において（父親として、母親として、夫として、妻として、子どもとして）	■親戚において
現在　変化後	■職場において	■自分自身において（使命や個性）	■地域社会において（市民·町民として、県民として、国民として）
現在　変化後	■同窓会·サークルにおいて	■自己啓発·能力開発において	■地球人として、国際人として

人脈マップ＆人脈深度（成功も失敗も85％は人間関係）

【深度の目安】

深度1　単なる付き合い。年賀状レベル
深度2　最近出会った人で、何らかの貢献をしたい人
深度3　仕事・趣味・家族関係などで長く付き合いたい人
深度4　一生貢献したい人。人生の師。親友
深度5　臓器移植してもいい人

現在の会社・仕事関係

	深度の目安
□	5 4 3 2 1
□	5 4 3 2 1
□	5 4 3 2 1
□	5 4 3 2 1
□	5 4 3 2 1

能力開発関係

	深度の目安
□	5 4 3 2 1
□	5 4 3 2 1
□	5 4 3 2 1
□	5 4 3 2 1
□	5 4 3 2 1

過去の会社・仕事関係

	深度の目安
□	5 4 3 2 1
□	5 4 3 2 1
□	5 4 3 2 1
□	5 4 3 2 1
□	5 4 3 2 1

学校・学生時代

	深度の目安
□	5 4 3 2 1
□	5 4 3 2 1
□	5 4 3 2 1
□	5 4 3 2 1
□	5 4 3 2 1

自分・家族

趣味・サークル関係

	深度の目安
□	5 4 3 2 1
□	5 4 3 2 1
□	5 4 3 2 1
□	5 4 3 2 1
□	5 4 3 2 1

兄弟・親類関係

	深度の目安
□	5 4 3 2 1
□	5 4 3 2 1
□	5 4 3 2 1
□	5 4 3 2 1
□	5 4 3 2 1

その他

	深度の目安
□	5 4 3 2 1
□	5 4 3 2 1
□	5 4 3 2 1
□	5 4 3 2 1
□	5 4 3 2 1

蓄財・仕事関係

	深度の目安
□	5 4 3 2 1
□	5 4 3 2 1
□	5 4 3 2 1
□	5 4 3 2 1
□	5 4 3 2 1

ていくためにはどんな貢献ができるのかを考えましょう。

合わせて、人脈を整理します。各分野で人脈と思われる人の名前を書き出し、その深度にチェックを付けてみましょう。

目標を設定する

目標設定にはふたつのアプローチ手法があります。自分はどうなりたいのか、人生における成功の状態、幸福感に満ちた状態を明確にイメージするやり方です。アチーブメントピラミッドに沿って、長期、中期、短期の目標を設定していきます。ゴールから実践すべき行動を段階的に落とし込み、それらを具体的かつ確実に実行することです。

もうひとつは、スタート時点から「いま、何を最優先で実行すべきか」をひたすら考えていく方法です。

ここでは自分の現在地から将来のビジョン・目標に向かって、また将来のビジョン・目標から現在へ遡って目標を整理します。そこでズレが生じた場合、現実的に実現可能なところに調整をします。必ず達成の期限を書き込んでください。

目標の整理

ビジョン・目標から逆算して整理

短期目標

目標達成期限　　年

中期目標

目標達成期限　　年

長期目標

目標達成期限　　年

人生のビジョン（あるいは将来の夢、願望、希望）

現在から将来のビジョン・目標に向かって整理

短期目標

目標達成期限　　年

中期目標

目標達成期限　　年

長期目標

目標達成期限　　年

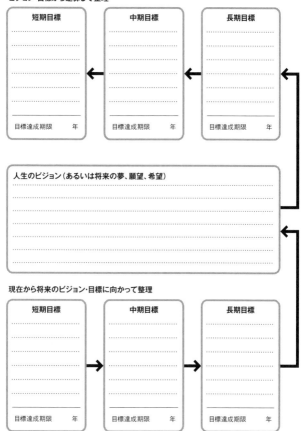

将来のイメージ

整理した目標を念頭に、１年後、３年後、５年後には自分はどうなっているのか、どうなりたいのかを書いてみてください。また、途切れた文章に心に浮かんだ言葉を続けて全体を完成させてください。

	職業生活 仕事、収入、地位、人間関係、能力等のイメージ	個人生活 住居、家族、余暇時間、地域社会との関係等のイメージ
1年後（　　歳）		
3年後（　　歳）		
5年後（　　歳）		

成功するための自己点検シート

1. 私のいままでの人生で、最も充実した最高の経験は、

2. 私がうまくできることは、

3. 私がうまくできないことは、

4. 日頃の仕事上で、私が最も大きな満足を得るのは、

5. 私の能力・持ち味で、会社から最も高く評価されているのは、

6. 今の職場で、私の改善すべき点は、

7. 私のおかれた現状の中で、自分自身が嫌い、または、嫌なのは、

8. 私の人生における転換期は、

9. 私の人生において、機会を逃したのは、

10. 私の人生における最も低調な時期の過ごし方は、

自己点検シートのまとめ

ここまで理念から目標を設定するためのワークをおこなってきましたが、それぞれについて次の質問に答えてみてください。自分を点検するためのワークです。現状がより具体的に把握できるでしょう。

本章のワークの中で、
それぞれ自分の書いた文章について吟味して下さい。

1. 書きにくかったワークの項目とその理由

［ワーク］

［理由］

2. 書きやすかったワークの項目とその理由

［ワーク］

［理由］

3. 考えたことのなかったワークの項目はどれか。
それについてどう思いますか?

［ワーク］

［理由］

4. 仕事の要素が含まれる文章と
それ以外で構成される文章を読んでどう思いますか?

5. 全体についての考察、自分の特徴、気づいたこと

6. どれだけ自分が分かっていると思いますか?

第3章

目標達成の障害

パラダイムシフトの重要性

ある女性経営者の受講生が、研修を受けて子どもを作ろうというご決断をされました。いままでは仕事が忙しいから無理だと思っていたが、理念に生きよう、求めているものを大切に生きようと思ったというのです。

人生は求めるものが変われば、一気に方向性が変わります。大事なことは、求めるものを明確にしていくことです。

願望が明確化すると自己評価が起こります。もし間違った方向性へ進んでいれば、脳（成功のナビゲーション）が教えてくれます。その人にとって間違った行動は苦痛感情となるのです。パナソニックの会長であった中村邦夫氏は、社長になった瞬間にお酒を絶ったと言います。すでに世界的な企業になっていましたから、海外で有事があった際にもいつでも冷静に判断できるようにするためです。

　めざすものがあれば代償の先払いが変わります。その人の将来は代償の先払いを見たらわかります。何に時間を使っているのか、何にお金を使っているのかを見るとその人の本質が見えてきます。ですから、毎日セルフカウンセリングしましょう。

　自分の求めるものを明確にし、1日をどう使うかという時間軸で管理しましょう。時間の使い方が変わるとお金の使い方も変わります。すなわち人生が変わります。

　人生の目的が変われば人生の質が変わる。MUSTが変わる。やらなければならないことが変わります。「パラダイム」という言葉を聞いたことがありますか？　ビジネス用語としては、〝産業構造〟や〝業態〟。あるいは〝器《うつわ》〟や〝枠《わく》〟などを意味します。その人自身のモノの見方、

セルフカウンセリング

1. 私は何を求めているのか?
私にとって一番大切なものは何か?
私が本当に求めているものは?

→願望の明確化

2. その為に「今」何をしているのか?

→時間(お金)の使い方をチェックする

3. その行動は私の求めているものを
手に入れるのに効果的か?

**→主観を絶対視せず客観的に行動を
自己評価する**

4. もっと良い方法を考え出し、実行してみよう

→改善計画とその実践

考え方、捉え方、知覚などを表します。10人いれば10通りの「思考の枠組み」があります。人は、それぞれが育ってきた環境、学んできたこと、出会ってきた人々からの影響によってパラダイムが形成されていきます。

たとえば、空に浮かぶ雲を見たとき、その形が何に見えるかは人によって違います。ある人には人間の顔に見えるのに、別の人には動物に見える。みんなが人間の顔に見えたとしても、その顔は、怒っているのか、泣いているのか人により異なって見えるのです。

ある生命保険のトップセールスマンが、転職したてのころはこの業界で結果を出したい、生涯やっていきたいと願っていたが、入社3ヵ月して続けていけるのかずっと不安に駆られていたと胸の内を明かしてくれました。ところが、研修を受けることでじつは周りから良く思われたいという気持ちが強かったことに気づいたと言います。願望があるがゆえに、ハードルを越えなければならないと自分に鞭を打って仕事をしていた。しかし、スキル以上に受け皿の人間力が重要だと実感したというのです。

それからは、家族との時間を多く取るようになりました。すると、仕事でも「愛・誠実・感謝・貢献」など人生そのものについて語れるようになって、周りからもなぜそれほど楽しく働けるのかと聞かれるほどになりました。一度しかない人生なのだから楽しくやろう。ご縁を大事に友達を増やす感覚で仕事をしていると言います。いままではお金を求めていたので、口ではお客様のためと言っていても、本心ではつねに自己評価をしていたそうです。家族関係を良くすることで、その人のために何ができるのか？　お客様への関わり方が変わり、成果が大きく出ました。自分がなんのためにどうなりたいかを明確にしたからこそ、貢献ができるようになったのです。

パラダイムを形成する土台はその人の価値観です。良い価値観形成へと導いてくれる出会いやきっかけをいつまでも待ち続けられるほど、人生には時間の余裕がありません。もっとよくなりたければ、意識的にパラダイムシフト（価値の転換）を起こしましょう。

わたし自身の「パラダイムシフト」は、29歳で聖書と出会ったことでした。それまでトップセールスとしてお金は稼いでいましたが、競争心が強く、周りを敵視していました。どんなに成果を出しても心からの充足感はありませんでした。

そんな折、尊敬する師からのアドバイスで、教会へ足を運び、聖書の言葉に触れたことでそれまでの自己中心的な生き方を大いに反省しました。卓越・力・競争ではなく、愛・誠実・感謝を人生の根底に置くことを誓いました。アチーブメントピラミッドの土台にある人生理念（価値観、哲学、信条）が一変したのです。

よいものを知ると価値観が変わる

たとえば、会社の近くに「値段が高くて、味もまずい。しかもサービスも行き届いておらず、そのうえ不潔」というひどい蕎麦屋があるとします。まずいとわかっていても、そこしかランチできるところを知らなければそこで食べるしかありません。

でも友達に誘われて行った別の蕎麦屋はとてもおいしかった。値段も安いしサービスもいい。そういう体験をしたら、前の店にはもう足を運ばないでしょう。

人はよいものを知れば自然に変わります。この蕎麦屋は例え話ですが、人間関係においても同じことが言えます。成功したければ成功者と交わり、本物を知る必要があるのです。

常日頃から、よい人、情報に触れることを心がけ、さらに言えば、よい習慣を形成しておくのです。いままで朝の時間を有効に活用していなかったら、ちょっとだけ早起きをして自分の仕事に関連した専門分野の勉強を始めてみる。最初は、眠くてつらいかもしれません。「今日は、まっ、いいか」などという誘惑とも自己弁護ともつかない気持ちになることもあるでしょう。

ただし、一度習慣を身につけてしまうと、それを続けることが当たり前になり、やらないと気分が悪くなってきます。食後に歯を磨かなかったり、トイレのあとに手を洗わないと気持ちが悪いと感じますよね。パラダイムシフトに気合いは必要ありません。よい体験をすることで自然と考え方が、行動が変わってきます。

人はそれぞれ精一杯生きています。迷うこともありますが、成功とは、突き詰めれば小さな目標達成の集大成です。ともかく小さな目標を達成していく習慣を身につければ、やがて大きな自信となり、ひいては自分自身の生活を劇的に変化させることにつながっていきます。よい習慣を体得すれば、あなたも必ずパラダイムシフトを経験できます。

達成を鮮明にイメージする

目標達成するためには、「こうなりたい」「ある状態を創り上げたい」など、達成の状態を鮮明にイメージすることが不可欠です。漫然と夢想するのではありません。あなたが鮮明に描いたイメージを、段階的にあなたの現実世界で具現化していく。これが達成への唯一の道です。

達成イメージのお手本づくりに役立つのは、あなたが過去において出会ってきた人たちです。それは、書物の中での出会いかもしれません。

その人を目標として近づく努力をしていけばいいわけです。ひとつだけ注意点があります。くれぐれも破壊的で、排他的で、競争心が強い人をお手本にしないようにしましょう。

大手外資系の生命保険会社で日本人初の世界ナンバーワンになったある受講生の方は、優績なだけではなく、人格も兼ね備えたまさにホールパーソンです。若い税理士が1人前になるまで支援し、金融に関するさまざまな情報、知識を提供しています。ですから、彼らの成長と共にご自身のマーケットも拡張していくのです。

ここで先ほどの成功タイプと失敗タイプが出てきます。自分自身の成功と他の人々への貢献をひとつにしていく。世の中から見たら、誰でもいいことかもしれないが、自分でなければならない理由を掘り下げる。自分が成功しなければならない理由を明確にする。

達成できる人には必ずその理由が存在します。知識や手法はもちろん、考え方を「学び、真似ろ、追い越せ」の精神で学びましょう。わたしはセールスマンだったころ、業界トップの方々が上梓された本をことごとく読破し、そこから得られる精神的・知的な示唆を自分の価値観として貪欲に吸収していきました。

まずは自分の業界で、人格的にもキャリアの面でも卓越している人を探してみてはどうでしょうか。また、現在キャリアを十分に積まれていて、成果を上げている人にとっては、自分自身がモデルとなる場合もあります。「学び、真似ろ」の段階を通過して、「追い越せ」のレベルに入っている人です。そういう人は、昨日の自分を超えることに挑戦していってください。

「学び、真似ろ、追い越せ」を加速する

お手本に少しでも早く近づくためには、成功している方々と縁をもつことが、効果的な方法です。わたしは、さいわいにもそうした縁に恵まれました。ブリタニカにいたころの上司は、世界タイトルを持つマネジャーでした。その後、伝説のセールスマンだった夏目志郎先生、選択理論を教授して下さったロバート・ウォボルディング博士、ウイリアム・グラッサー博士など、一流の人たちとご縁ができました。

成功している人は、必ずといっていいほどよい師、よい仲間に恵まれています。わたしもセミナーや講演会、勉強会などには積極的に参加してきました。そして、模範となる人を知ると、ことあるごとに「あの人だったらどう考え、どんな行動をするだろう?」と想像していました。

理想像が鮮明になったら、さらに自分にとっての成功の状態を描いてみます。真の成功者とは、徳と才の持ち主。周囲からも信頼され、尊敬される人物です。成功は自分から始まって、周りの人への貢献で完成します。これを忘れなければ、いつかあなたの与える「良縁の連鎖の輪」はどんどん周りの人を幸せにしていきます。

未来の状態を具体的に紙に書き出してみましょう。曖昧な願望からは曖昧な結果しか生まれないことは前述したとおりです。わたしも目標をスマートフォンのホーム画面など、いつでも目につくところに表示しています。自分の願望をより鮮明に意識に刻み込むためです。

また、何年後には年収をいくらにするとか、貯金をいくらにするなど、具体的な数値もボイスメモに入れてことあるごとに聞いています。そこまでやってはじめて、現実的なプランニングを設定することができます。

成功の障害

理想像を鮮明にイメージしながら努力しているのに、どうもうまくいかない。なかなか周囲に認められない。どんなに考えても、原因がどこにあるのかわからない――こうした悩みは自分自身の根底となる心構えに問題があります。

成功の障害とは求めるものと現実のギャップです。障害には内的要因と外的要因があります。たとえば、ヨットレースで激しい風が吹いて自分たちが圧倒的な劣勢に追いやられたとします。あきらめてしまうチームもあれば、勝とうと必死に進むチームもあるでしょう。外的な要因はコントロールができません。ですから、ここでは成功の10の障害として内的要因だけを整理しました。事前に理解し、障害がないクリアな心構えになっているか、自己評価してみてください。

◉成功の10の障害

1 セルフコントロールができない
2 自己概念が低い
3 欲求充足の方法がわかっていない
4 意思決定能力の不足
5 問題解決能力の不足
6 パワーパートナーがいない
7 言い訳の癖
8 勉強不足
9 エネルギー不足
10 怠惰・ルーズ

次に、10項目のそれぞれについてどのような内容かを説明していきます。

1　セルフコントロールができない

これは自分の意識と行動を一致させられないということです。このため健康、金銭、意識、時間など、管理できない要素は多岐に及びます。

人は、過去の出来事からくる解釈が未来の出来事に影響を与えています。たとえば、約束を破られたという出来事から、他人は信じられないと解釈するか、良い学びになったと解釈するかで、その後に起こる出来事が変わってきます。感情管理ができないと、言葉やストレスも管理できません。

思考がいつもあれこれと気移りしているため、優先順位もつけられず、したいことをしてしまいます。たとえば、会社に勤めている人で仕事中副業する人がいますが、間違いなく出世できないでしょう。経営者が求めているのは専念だからです。副業をするなら休日など会社と完全に切り離されたところでおこなうべきです。

理念からくる責任はこだわりです。こだわりがないとは、すなわち責任感がない、どうでもいいと思っているということです。あまりにこだわりが強く厳格な人は嫌われますが、厳格ながら人に外的コントロールを使わないのが技術です。

動くことは誰でもできます。虫でも動きます。聡明さは行動の選択の質によって証明される。目に見える行為によってその人の考え、思いがわかります。人は自分の願望にあることを現実化させようとする生き物だからです。

集中してひとつのことを追求できない人は、良い習慣をもつと変われます。悪い習慣のままだと変わるのはなかなか難しい。セルフコントロール力を身につけるためには普段の習慣から変えていくのが最良の方法です。

人生は将棋と同じ、序盤が勝負。詰め将棋では終盤になると選択肢が限られてきます。上位2割に入るためには、管理する立場に身を置くことです。自分で自分を管理しない人には、誰かに管理されなければならない人生が待っています。

2　自己概念が低い

自己概念とは、自分自身について抱いている考えです。自分のことが嫌いな人は自己概念が低い。配偶者、趣味、友人――自己概念に合った人が周りに集まります。その人が自分のことをどう思っているかで、周りから思われる自分が決まります。

人間は、自分が自分に思い描いている思い込みの中で脚本を描いて人生を歩んでいます。

「自分はこうなりたい」という理想の自己イメージ、現在の自我像、そして、自分を根本からどれだけ愛しているか、自己愛、自尊心をつねに意識しましょう。すでに研磨されてキラキラと輝きを放っているダイヤモンドも、そうでない原石も、ダイヤモンドとして内在している価値は同じ。人間も平等に同じ価値をもっています。

ただ、自分のことを磨けば光るダイヤモンドの原石だと考えて努力している人と、ただの石ころだと思っている人とでは、人生から得られるものが大きく違ってきます。

見通しがつかないとき、人は自分の世界で判断するようになります。売れないセールスはお客様の「お金がない」という反論に説得されてしまいますが、トップセールスは、それを解釈と捉えてニード喚起します。経費ではなく投資だと必要性を訴えます。

すべてはイメージしだいなのです。それがブランドになります。ベニハナの社長で、世界で100店舗以上の鉄板焼きチェーンを築いたロッキー青木さんは、年収が3億円以上だったそうですが、それで普通と思っていたそうです。現実を決定しているのは、その人の思考（解釈）なのです。

人生の目標を達成しようとするとき、限界がたったひとつある。それは自分で定めた限界である

——D・ウェイトリー

自己概念は自分の蓋となっています。得意領域は自己概念が高い。磨いたってどうせダメだと思ったり、自分を低く見ることは、成長を妨げます。この思い込みが制限的なパラダイムになる。現実を決定している

のは思考です。自己概念が低いと問題が解決できません。無理だと思うから無理になるのです。

3 欲求充足の方法がわかっていない

人はそれぞれ自分の価値のフィルターで物事を見ています。たとえば、幸福と快楽の見方も人それぞれ。物事の良し悪しはその人の思考しだいです。ですから、価値のフィルターを変えれば、幸福になれるのです。

人は満たされていないといまの現実から逃れたいから快楽へ移行しようとします。ときには売春、銃の販売、賭博（人を負かさないとダメ）、麻薬売買といった非合法の仕事に手を出します。

反対に満たされていると貢献や他者の本質的な幸せに行動の選択基準が変わります。

ただ、能力が高くて真面目な努力家ほど、完璧主義で人に対して同じ基準を求めて外的に接したり、自分ひとりで抱え込んでうつになったりしてしまう人も多いのです。

脳のシステムから現実と思考が完全に一致することはありません。脳はクリエイティブに、一致するものを得たら、さらに先の一致を求めます。

元々こだわりがない人は快楽でフラストレーションを抜こうとします。それを研修などを受けて意思で改善しようとする。しかし、願望は強い、意思は弱い。

幸福なら家庭の外に愛を求めないでしょう。愛・所属の欲求は遺伝子に組み込まれているものです。夫婦仲が悪いと子どもは「自分のせいだ」と感じると言います。なぜ夫婦仲が悪いのか？　外的コントロールを使うからです。自分が納得できないとき、相手を変えようとするからです。相手がどんな行動をしても外的コントロールを使わなければストレスはなくなります。

人は寂しいと感じ、力の欲求が満たされないから価値を感じるよう力を満たそうと問題行動を取ります。オープンに生きるほうがストレスが少ないのです。不幸なときほど宗教やほかの人に頼ったり、麻薬、酒など快楽に身を任せて不幸な選択をしようとします。いまが幸せなら幸せな選択をするようになります。だから一番身近な家庭から満たしていけるようにすべきです。

不幸の源は不満足な人間関係です。外的コントロールを使うと問題行動が起きるので人間関係が悪くなります。もし、疲れて家に帰ってきたとき、玄関の靴が揃っていない、机が散らかってる。そんな状況を目の当たりにして毎日のようにガミガミと叱っていたらどうなるでしょう?

やがて家族は出迎えもせず、居間に来たら子どもたちは各自部屋に入っていくようになるかもしれません。ほんとうは子どもたちが出迎えてくれてこそ、家庭をもつ幸せを感じられるのではないでしょうか。ときに表現が悪くなってしまうときはあります。間違えることはあるでしょう。でも、間違えたとしっかり伝えましょう。自分が言われたときも同様です。素直に謝る。

わたしは子どもたちにもすべて正直に伝えています。

「全然勉強しなかったし、両親は離婚して自分はツッパリだった。社会に出てから勉強の意味がわかった。勉強をしろと言わないが、何事も一生懸命取り組んでほしい」

「兄弟喧嘩はしてほしくない。腹違いの妹がいたが、なかなか遊ばせてもらえなかった。寂しかった」

できない人に外的コントロールを使ってもできるようにはなりません。一時的にやる気を見せるかもしれませんが、同じやる気が出るなら内発的に動機付けされなければ、長続きしません。

もし相手が部下で、生産性を上げたいと思っていれば、質問をしましょう。質問力が上がれば自己評価が促されます。良い指導者ほど質問がうまい。フィードバック力を鍛えることです。

4 意思決定能力の不足

成功者は目的・目標からブレません。物事を判断する基準として、目的目標に対して効果的な行動かという意思決定をしています。願望が強く、こだわりがある人には、リーダーシップがあります。

会社でも100人までは創業社長のワンマンで引っ張っていけますが、それ以上になるとシステムが必要です。

群馬で行列の絶えない介護施設を営んでいるある社長は、研修を受講されていたとき、独立時に全く不安がなかったと話していました。数千万円の借金を抱えての起業でしたが、やりたいことができると思うとワクワクして仕方がなかったと言うのです。最初は1～2人の入居者しか入りませんでしたが、多くのお客様が笑っているイメージができていたので心配はしていなかったそうです。

介護は3Ｋ（きつい、汚い、給料が安い）と言われる仕事で、離職率も高いと言います。ところが、人に喜んでもらうのが仕事という考え方で、トイレをする、お風呂に入るなど介護の一つひとつを作業と言わず、仕事と定義を変え、喜んでもらうことを第一にサービスの提供を考えたというのです。

成功する経営者は解釈力が違います。肯定的な考え方の力が成功を生み出します。職場を人が成長する場として考え、問題も成長のための促進剤とします。仕事に喜びを見出すことが人が定着する秘訣です。

わたしの会社もフルコミッションの体質で独立しましたが、営業からもっと歩合が欲しい、自由出社したいなどだんだんと個人主義になっていきました。稼げるときには当たり前、稼げなくなったらやめてしまう。いまは年に1回の決算賞与で固定給制にしています。

あるIT系のグローバルカンパニーで人事部長をされていた人の話です。彼は、仕事で成果を上げていましたが、義務感でしなければならないことに追われていたと言います。

弟さんがラーメン店を開いていたのですが、日々仕事が楽しそうでモチベーションも高い。あるとき、弟さんからの依頼でラーメン店の仕事を手伝ったのですが、これまで感じたことのないやりがいを味わったそうです。自分はサラリーマンとしては組織の一部だが、ラーメン店ではトップという立場で仕切ることができる。それからは共同経営者としてラーメン店を支援しているそうです。

この違いはなんでしょう？　一言で言えば、主体性です。どうしたら部下のモチベーションを上げられるのか？　答えは明快で、主体性を生み出す仕組みを作ることです。報酬だけがモチベーションではありません。いかに人がモチベーション高くいられる仕組みを作れるのか？　問題の本質は仕組みを作る人間にあります。

ある村に時を告げる人がいました。

「おーい、6時だぞ！　おーい、12時だぞ！」

その人がいなくなると、村人は彼の存在価値を惜しみ、彼は伝説の人になりました。ただ、別の村には時計職人がいました。その職人は、黙々と100年時を刻み続ける時計を作ったそうです。

立派なことをやる前に当たり前のことをしなければなりません。もし成果を上げていても評価されていない人がいれば、彼らは当たり前のことをしていないのでしょう。当たり前のことを徹底的にやることが、永続的に繁栄する秘訣です。

もし、人のことを批判しそうになったら、自分のことを反省しましょう。部下なら上司。子どもなら親。片付けのできない子なら、自分の生き方が悪かったと思うのです。

5　問題解決能力の不足

困難にぶつかると、どうしたらいいかわからなくなってしまう人がいます。ただただ困惑するだけで、逃げ道ばかりを探してしまう。「どうやったら解決できるのか」を考えるのではなく「できない理由」を完璧なまでに考案するのです。こういう人には〝否定的〟で〝消極的〟なタイプが多いようです。

まずは、急ぐことを優先する生き方をやめ、大切なことを大切に生きてみてください。どれほど真面目に一生懸命頑張っても、南に行くには、南に向かうしかないのですから。効果の出ない行動の例を次に示します。

・外的コントロールで、人を変えようとする
・賭け事で儲けて、物心共に豊かな人生を実現する
・練習をしないで、一流のプレーヤーになる
・立地の悪い所で、店舗ビジネスを成功させる
・高カロリー食品を食べて、気合いでダイエットする
・見込客開拓を怠って、セールスで成功する
・原則から外れて成功を望む

・同じメンバーでトレーニングをせずに高い生産性を実現する
・遊んでばかりいて志望校に合格する
・浪費をしながら豊かな老後を送ろうとする
・人の悪口を言いながら、良い人間関係を作る

努力は尊いですが、正しい方向に努力をすべきです。前に突き進むタイプの人間は必ずプランニング能力の高い人間を近くに引き入れます。営業が得意な人間の傍には経理が得意な人間。事前対応をすることでこの成功の障害を乗り越えることができます。

どうしたら事前対応ができるのでしょうか？　毎朝、目標を見ましょう。どんなに脳を使っているつもりでも、実際は数パーセントしか使えていないと言います。愛する人を助けるときに火事場のバカ力が発揮されると言いますが、人間の最大のエネルギーが発揮されるのは愛、信念

が一緒になったときです。

目的から逆算された目標に集中することで「ほんとうにしたいことをするために、しなければならないことをやろう」と時間を捻出しようとします。これが、タイムマネジメントの初級。続けていれば、いずれ無意識のうちに事前対応型になっていきます。目標を見たくて仕方なくなったら、習慣となったことがわかるでしょう。

6 パワーパートナーがいない

小学生のころ、家に帰りたがらなかったわたしを、先生は音楽室に連れていってオルガンで「線路は続くよどこまでも」を弾いてくれました。あのメロディはいまでも心に焼き付いています。

転校した先の先生も、わたしが北海道に戻らなければならなくなったとき、涙を流しながら学校の思い出をアルバムにしてプレゼントしてくれました。

人が人を大切な存在として認めるのは、その人が自分の力と愛・所属の欲求を満たしてくれるからです。だからこそ、人の力と愛・所属の欲求を満たせる人間になりましょう。相手を勝たせることで、自分が勝つ。「共に」という概念を大切にしましょう。人の力を借りる秘訣は本気で自分の仕事に打ち込むことです。

相手の立場に立って、相手の望みを叶えること。人の力を借りられる人間には、愛があります。愛とは相手の望みを叶えることです。相手のことを考えて行動することです。愛情がないとどんなに能力が高くても一緒にいたくなくなってしまいます。人のために頑張る人間は必ず頭角を現してきます。

遺伝子は自分の欲求を満たそうとすると述べましたが、相手のためにすることが自分のためとなっているとき、理性ではなく自然と尽くそうと思えます。人が動くのはミッションです。コミッションはひとつの要素でしかありません。お金はあとから付いてきます。

目的目標志向で生きるとは、すなわち愛を伝えることです。人は目的目標に出会ってはじめて人間らしくなれます。言われたことを言われたままにやるだけの歯車ではなく、自分の生きる目的、目標を明確にしてそのために歩む人間的な生き方に生きがいが出てきます。

心構えを変えて、身近な人間を大切に生きましょう。自分を支えるのは、周りの人間に対する感謝の思いです。思いが自分を助ける。ほんとうに利他的な人間は、自分が至らなくても周りがカバーしてくれます。周りを目的目標志向に育てるので、周りのスキルが上がり、自分が守られていくのです。

損得で付き合っている人に人脈はできません。人が苦しいときこそ支える。理念型の人間になることです。能力の切り売りで転職する人は稼げても天井は低いものです。信じるレベル、尽くすレベルの基準を高めましょう。

7 言い訳の癖

世の中には自己正当化、いわゆる〝言い訳が上手〟な人がたくさんいます。ところであなたは、人と会う約束をしているのに、どうしても時間に遅れるというとき、何を考えますか？ 素直に謝ろうという思いもあるでしょうが、それなりの言い訳を考えようとしたことはないでしょうか。理由は立派な言い訳があれば、気遅れしないですむからです。すなわち苦痛を味わわないで済むのです。

人間は、子どものころから言い訳がまかりとおる環境に育ってしまうと、言い訳さえあればごまかせると思うようになってしまいます。その延長線で、社会人になっても同じようなことをする。また、そのときだけでなく、人生そのものに言い訳をしている人もたくさんいます。自分が成功できないのは、学歴がないからだとか、家が貧乏だからなどと、自分が育った環境を言い訳に使うのです。言い訳ばかりしていたら、そこには成長も飛躍もありません。言い訳は防御された嘘である。事実ではなく解釈なのですから。次に言い訳の例を挙げてみます。無意識のうちに使ってしまっているものはありませんか？

■言い訳の谷

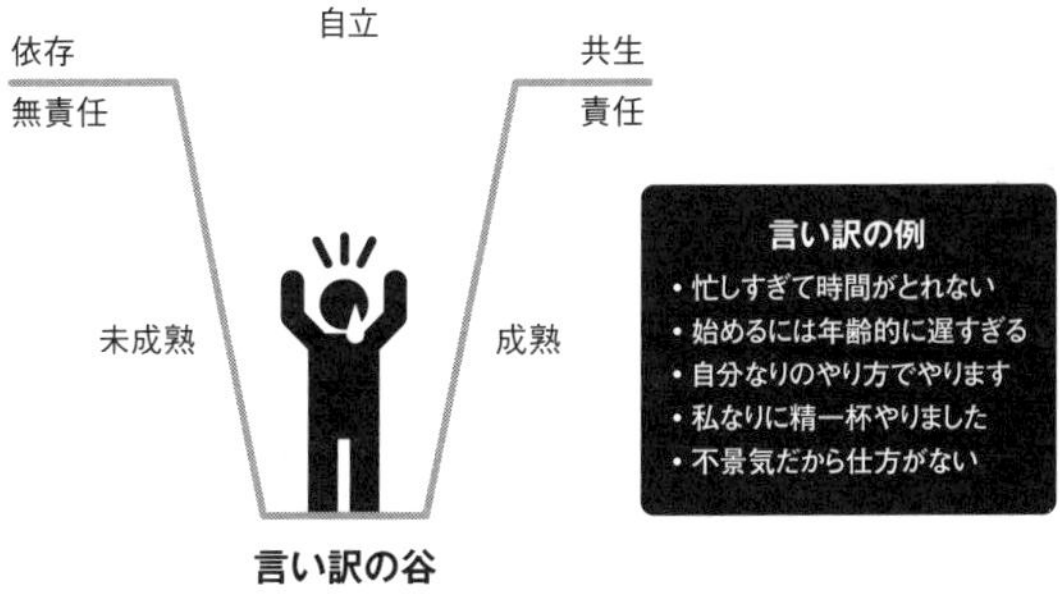

・忙しすぎて時間がとれない
・始めるには年齢的に遅すぎる
・自分なりのやり方でやります
・わたしなりに精一杯やりました
・不景気だから仕方がない

やることをやらないで結論を出している人は、やれば解決されるものがほとんどです。悩みはやらないから解決されない。言い訳のほとんどは物語《ストーリー》でしかありません。

昔、気が弱くてアポイントの取れない部下がいました。ところが、辞めると言い始めた途端、「絶対やめます」と言って聞かないのです。その意気で仕事をすれば、必ず成功するはずです。

コミットメントゾーン（の領域）に言い訳は入りません。決めれば言い訳しなくなります。信念とも言えます。決めた瞬間、できたことが前提で動くから、奇跡が起きるのです。

やると決める。どうすればできるかを考えて、考えたことを実行する。心が決まっていれば恥じらいもなくなります。信念のある人間が愛に出会うと最高のリーダーになれます。信念のない人間は言い訳ばかりです。

8　勉強不足

いわゆる専門知識が欠如していると障害となります。自分が関わっている業界の情報に疎く、何か尋ねられてもきちんと答えられないという人が決して少なくありません。そのために自分の会社や仕事に対して自信がもてず、いつまでたっても結果を出すことができなくなります。アメリカの作家クロフォードは、次の言葉を残しています。「人は誰でも最高のアイデアを生み出す能力をもっている。しかし、それは訓練をしないと伸びない」最高の訓練は毎朝必ず目的・目標を見ること、そしてプロとして自分の専門分野には万全の知識を備えましょう。

9　エネルギー不足

活力がなければ、力を十二分に発揮することはできず、充実感も得られません。これは願望が曖昧で熱意が欠如していることが原因です。

理屈では理解できていても、不規則で、偏った食生活、不摂生、運動不足などをしている人がいます。やがては健康までも損ないます。

身体は健康でも、精神的疲労からエネルギーのない人もいます。たとえば、仕事を嫌々やっている人は、その仕事を好きになることができないばかりか、気分的にも落ち込んでしまいます。人の一生の違いは求めているものの違いです。願望を明確にして、活力に満ちた人生を送りましょう。

10　怠惰・ルーズ

怠惰・ルーズとは、ほんとうに追求しなければならないものをいい加減に済ませてしまうことです。怠惰であることの象徴が準備不足でしょう。成果の出ないセールスパーソンは、プレゼンテーションの準備をいい加減にしています。訪問すべき顧客についても十分なリサーチをしていません。場当たり的なのです。根本には、「自分さえよければ……」という利己的な甘えがあります。ビジネスにおいては、センターピンを外すなということがよく言われます。コースをしっかり捉えるのが成功の秘訣です。「核となる職務は何か?」という質問を自分に投げかけてみましょう。

成功のサイクル・失敗のサイクル

次に示す失敗のサイクルを見てみてください。「ルーズは貧乏の母」と言われるように、楽なほうへ流される生き方をしていると、言い訳の癖がつき、達成できないので自信を失い、そこから考え方が否定的になって目的や目標を掲げられなくなります。すると、無計画なため思考も分散し、また楽なほうへ流されるという悪循環に陥ってしまいます。

それとは反対に成功のサイクルというものもあります。自分にとってほんとうにやるべきことが明確であれば、継続して実行できます。達成体験から自信が育まれ、あれもできる、こんなこともやってみたいと願望が明確になって、新たな目標が設定されます。目標が明確になれば計画が立てられるので、成功への道筋が明確になり、力強い実行力へとつ

■成功のサイクル・失敗のサイクル

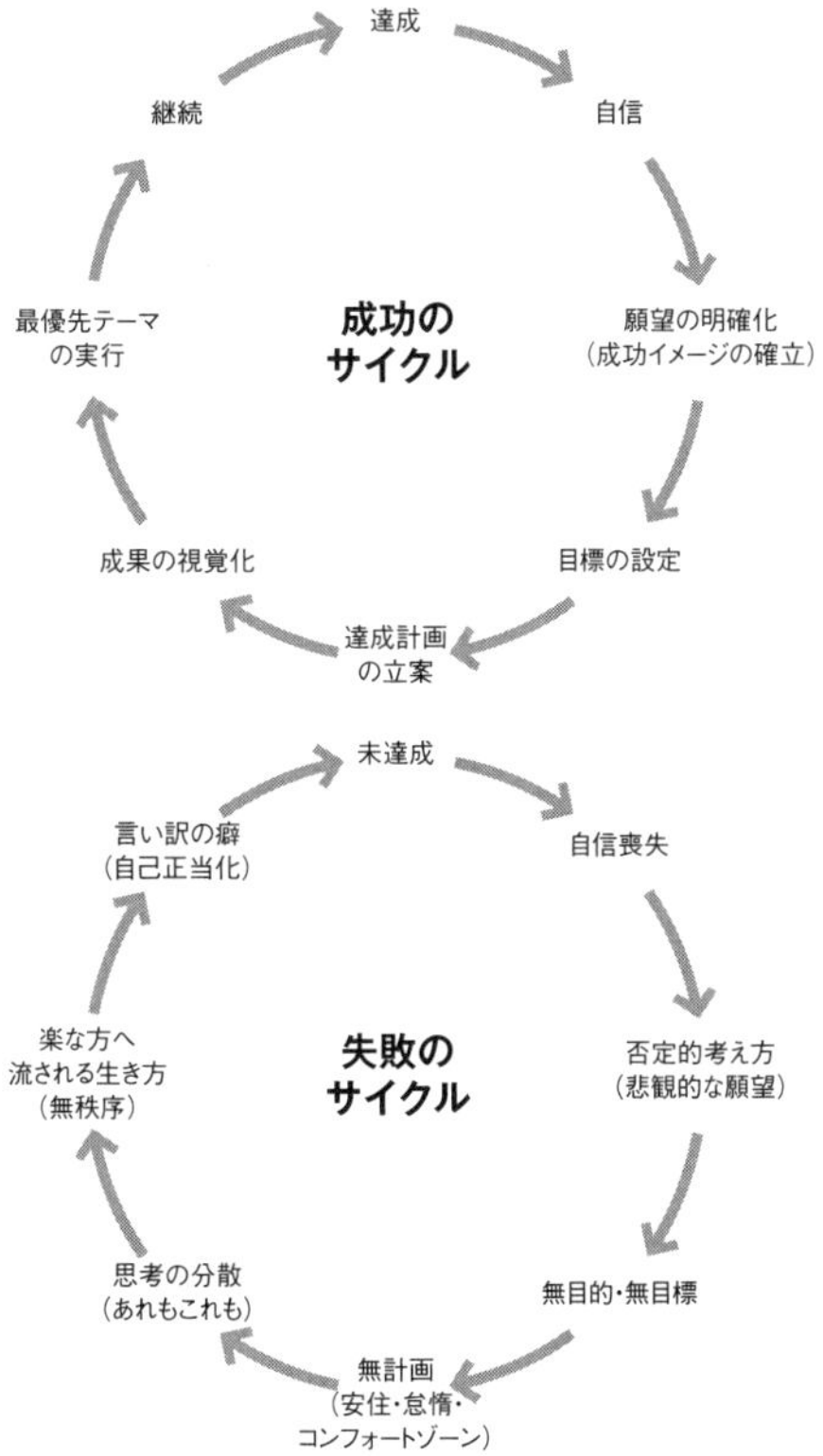
達成
自信
願望の明確化（成功イメージの確立）
目標の設定
達成計画の立案
成果の視覚化
最優先テーマの実行
継続
成功のサイクル
未達成
自信喪失
否定的考え方（悲観的な願望）
無目的・無目標
無計画（安住・怠惰・コンフォートゾーン）
思考の分散（あれもこれも）
楽な方へ流される生き方（無秩序）
言い訳の癖（自己正当化）
失敗のサイクル

ながります。

受講生に全国にリラクゼーションサロンを数十店舗展開している経営者がいます。小学生のときに母親が蒸発し、父親は海外赴任続きで思春期はほとんど兄弟だけで暮らしていたと言います。いまはそのときの寂しさを社員への愛情に変えて、若い社員を中心とした家族経営をおこなっています。

23歳のときに事業を興しますが、はじめは起業自体が目的だったと言います。そこからお客様に喜んでもらいたい一心で、社員と一緒にさまざまなサービスを考え、リラクゼーションサロン以外にも自動車の販売や求人サイトなどさまざま事業を展開し、数多くの事業を成功に導かれてきました。サービス業は、人材が宝だと、会社の費用で幹部の方々にも研修をご受講いただいています。

目標を見失う人は目標が低すぎるのです。安易に楽な道を選んではいけません。目的に向かって生きれば自分で目標設定するようになります。あらゆる生き物は逆境のときに、成長し、順境のときに、衰退する。この言葉をおぼえておいてください。

第4章

目標達成の原理原則

成功の原則

目標達成の障害をご紹介してきました。あなたはいくつ当てはまりましたか?

ここからは、達成するためにおさえておくべき10の原則を述べていきます。

◉成功の10原則

1 あらゆる事柄に目標を設定し、計画的に生きる(優先順位を守る)

2 セルフコントロール能力の習得

3 成功者としての自己概念を形成する

4 心の法則を使う

5　パワーパートナーの協力を得る能力

6　専門能力を開発し、真のプロフェッショナルになる

7　過去志向型から未来志向型への変革

8　一生学び続ける

9　健康管理を徹底し、エネルギッシュに生きる

10　実践主義に徹する

1　あらゆる事柄に目標を設定し、計画的に生きる（優先順位を守る）

優先順位が変わるとは、人生が変わるということです。100歳まで生きると決めたら、食べるものが変わる。目標達成の優先順位にしたがって、MUSTは変わっていきます。超現実的、具体的な形而下までい

かねば願望は実現しません。
達成するためには、理性的で賢明な行動に感情を結びつけることです。繰り返し述べてきたように、まず願望を明確にし、それを実現させるために具体的な行動計画を立てます。そして、日々、優先順位のとおりに行動していくことです。なぜ目標設定しない人のほうが多いのか、その理由は次のとおりです。

◉人が目標設定しない3つの理由

①気づきの機会の不足（認識の欠如）
②知識の不足
③失敗への恐れ

そもそも、目標設定そのものの価値を知らない人が多い。セールスの世界では、頭で行動がデザインできないと売れません。どんなに偏差値の高い学校を出ていても（テストの点数が良くても）、目標設定の技術を教わっている人はそれほど多くなく、また、社会では人を動かす、協力を得る、問題解決能力に長けているといったことが求められます。

目標設定と目標達成は違います。目標設定は頭の世界です。目標達成は体得の世界です。達成するためには、まず設定をしなければなりませんが、その源は願望です。求めるものに対して、願望が強いからこそ目標が設定でき、達成計画を立てられるのです。

ＩＢＭの社是は「ＴＨＩＮＫ」ですが、朝から晩まで考えることが達成への道です。ただし、現実的にそれは難しい。ですから、考える時をもつのです。その時間は、朝早ければ早いほどいいでしょう。朝やることを決めると、その日を段取りよく終わらせて自然と早く寝ようとするものです。

わたしは、昔から朝起きるのが早かったので道も空いていて、普通の人が20分かけて会社に着くところを、12～13分で行っていました。その分をアポ取りに当てることができる。それがリズムになっていきます。求めるものが明確であると生活にリズムができるのです。

しかし、目標を明確にすると、達成意欲の反面、失敗に対する恐れが生まれます。また、周りに目標設定をしている人が少ないと、段階を追って目標達成していくような生き方がほかの人からどう思われるのかが気になります。

考えてみれば私たちは、幼いころから時間割で管理され、就職するときも自分の願望より、待遇や給与を優先させる選択をしがちでした。そうした状況への慣れから、目標が曖昧なまま日々の偶然に身を任せる習慣がついてしまっています。

たった一度かぎりの人生が他力本願なのは、とても残念で悲しいことです。真の達成をするためには、自分の意思でどう生きるかを選択し、何を実践すれば体現できるかを考え、実際に行動しなければなりません。

時は有限。人生は有限。私たちが忘れてはいけないことは、いつか死ぬという事実です。死を前提に生きている人は意外にも少ない。

悔いのない人生を生きるとは、自分の大切な人、大切なものを第一に生きることでしょう。もし、願望が明確でなければ時間は膨張します。理念、目的は主観ではありません。原則から外れる人間は理に外れます。

わたしの父は、事業に失敗して金銭的な苦労をし続けてきましたが、なぜこれほど苦労したのかと考えると、自分の器以上の事業をおこなったからだと気づきました。我が強く、資金を集めるのも銀行などではない、良くない出資先でした。もし、大義名分をもって、地域のためになるような良い気が集まる志向があれば苦労はしなかったと思います。わたしにとっては反面教師でした。自分の息子に対しては、決して怖い存在になりたくない。宇宙で一番の理解者でありたいと願っています。

恐れは上質ではないのです。インテリジェンスが高いと暴力を振るいません。投獄、倒産、大病と言いますが、大きな痛みを経験すると人は気づきを得ます。自分が痛みを経験してきたので、他人には痛みを経験してほしくない。事前対応するようになります。ここで良い目標の8つの条件をご紹介します。

◉良い目標の8つの条件

①ほんとうにそれを望んでいること

②長期目標と短期目標に一貫性があり、大きな目的につながっていること

③社会正義に反していないこと

④達成すべきことを具体的に述べ、すぐに行動に移せること

⑤定量化できる目標にすること

⑥肯定的なものであること

⑦自分のレベルに合っており、現実的でかつ挑戦できること

⑧期限を切ること

①は、目的から逆算して目標を立てているということです。⑥は、〇〇しないという目標ではなく、〇〇するという目標を立てるべきだということです。できるだけ具体的な数値で測れる目標を立てましょう。

仕事を追え、そうではなければあなたが仕事に追われる。

時を管理下におきましょう。お金と時間を管理しないと、お金に追われ、時間に追われる人生になります。

松下幸之助氏は、根源の社でいつも祈っていたと言います。親がいて、その親がいて、ずっと続いてきている。その最終的な根源を宇宙の創造者と考え、手を合わせていたのです。究極の素直をめざしたのではないでしょうか。

人間は主観で滅び、主観で発展します。200年続く老舗の和菓子屋の経営者の方が、『頂点への道』講座を受けてくださいましたが、老舗ほど革新的でなければならない。つねに時代のニーズ、社会のニーズに対して素直でなければ、支持され続けることはないと仰っていました。

自分がどうしたいかよりもどうしたら自分の人生の質がもっと向上す

るかを考えるべきです。肥満と適正体重のどちらがいいでしょうか？　喫煙と禁煙どちらが身体にいいのでしょうか？　答えはあなた自身がすべて知っています。願望と目標を区別しましょう。願望は形而上、目標は形而下です。実現できない原因は、いまの習慣です。目先の快楽に流されないためにも、願望をしっかりと目標にまで落とし込みましょう。

虫歯を後回しにするような性格の人は成功しません。放っておいて治るなら放っておいてもかまいませんが、治らないならすぐに治療する必要があります。小学校受験のときに、虫歯があるかどうかを見る進学校もあるくらいです。教育熱心な良い家庭には虫歯を作らせないような生活習慣があるということなのでしょう。

嫌なことでもやったという経験があれば自信になります。訪問したくないけど、アポを取りたくないけど、やり続ければ習慣になります。小さいころは苦くて飲めなかったビールやコーヒーが、大人になったら飲めるようになるのと同じことです。

あなたは結婚記念日、恋人や配偶者の誕生日をおぼえていますか？お金を持っているから成功者というわけではありません。最も身近な人を大切にする人が成功者です。人生はトータルバランスです。

ジャスダックに上場していても、家族関係の悪い経営者もいます。幸不幸の感情は本人にしかわかりませんが、お金ではないことは確かです。自分の中から湧き上がる感覚なのです。だから日常生活をどう良くしていくかとは修行なのです。

自分中心の人は、専門スキルがあってもある一定のレベルまでしかいきません。仲間のために命を懸けられる人間が上がっていきます。ずっと周りへ徳を積んでいく生き方は大切です。自分にはできなくてもほかの人ができる。だからパートナーになる人の質が重要なのです。草野球チームに入る、甲子園に出場する、プロ野球選手になるというのでは、負荷が違います。めざしている人と一緒にいれば刺激になりますし、その人の周りには向上心のある人がたくさんいます。交際相手は慎重に選んだほうがいい。お金があるないではなく、誠実か不誠実か。誠実でなければ長く付き合えないからです。思いやりのある人を大切にしましょう。

考えていることと異なることをしていたり、高すぎる目標設定はやめて、できることとできないことを区分し、できることに全力投球しましょう。

2 セルフコントロール能力の習得

セルフコントロール、すなわち自己統制能力とは、目標に焦点を合わせる能力と最優先の仕事（事柄）に集中できる能力のことを言います。目標を達成する人とうまくいかない人の違いは、コントロールできる領域の幅の差です。人は、思考と行動が一致すると快感を得ます。コントロールできないとフラストレーションが溜まっていきます。5つの欲求でもとくに愛・所属と力の欲求が満たされないと、生きる価値まで感じられなくなってしまいます。どんなに苦しくても乗り越えられるのは、自己イメージの高さがあるからです。そのためには、大切なものを大切にする時間をスケジュールに入れましょう。わたしも1年間のスケジュールを立てるとき、行事や旅行など家族との予定を優先しながら仕事の予定を入れています。

証券会社からフルコミッションセールスの保険会社に入った人の話です。1年目は新人賞、2年目に社長杯と順調にキャリアを重ねていきましたが、3年目からパッションダウンしてしまい、なんとか食べていけるくらいの報酬で食いつないでいました。夫婦仲もギスギスしていましたが、後輩たちが成長していき、自分の遅れを感じるようになっていたときに、『頂点への道』講座を受講して家族の大切さを思い返したといいます。奥様に感謝の気持ちをもつようになり、行動を変えて目標へ向かうと、そのとおりの成果が出ました。仲間の前向きな態度や気持ちに人間関係の大切さを実感し、社長杯に焦点を絞って14年ぶりに入賞を果たせたのです。

人にはそれぞれキャパシティがあります。わたしははじめ500万円を工面するのにも苦労しました。その後、5000万円を作るのに苦労し、いまは5億円でもなんとも思いません。自分の器（キャパシティ）が広がれば、それ以下のことはなんとも思わなくなります。時間とはお金であり、人生（命）であると考えなければ、最終的にはやりたくないこともお金のためにやらなければならない人生になります。コントロールの増大をしっかりと意識すること。コントロールできないものに焦点を当てないことが思考管理の重要事項です。

誰でもできることを誰よりも卓越してやる。

コントロールの増大は地道な作業です。成功の原理原則を、当たり前のことを言っていると思われるかもしれませんが、実行することと考えることはどれほど違うか。コントロールには5つの領域があります。

①自分ではコントロールできると思っていて、
実際にはコントロールできない領域

②自分ではコントロールできると思っていて、
実際にはコントロールしていない領域

③自分ではコントロールできると思っていて、
実際にコントロールできる領域

④自分ではコントロールできないと思っていて、
実際にはコントロールできる領域

⑤自分ではコントロールできないと思っていて、
実際にコントロールできない領域

コントロールできることとコントロールできないことを区分しましょ

う。成功のためのポイントは、②、④と自分の目標を③の領域に入れることです。できることに全力投球するのです。

ただ、一度目標を打ち立てると、真面目な人ほど高すぎるところに設定し、精神的に苦しくなってしまうことが往々にしてあります。

現実的に達成できる目標を設定し、それが達成できたら次の目標にチャレンジする。成功する人は達成感を栄養にして、自信を育みます。自信は成功の土台です。

次の図はアチーブメントゾーンという目標を設定する指標となる考え方です。縦軸に目標の高さ、横軸に時間を設定したときに3つのゾーンに区切ることができます。

グラフの勾配に注目していただきたいのですが、あまりに勾配がないと達成感はありません。これが限界アチーブメントラインです。

挑戦的な人はこの勾配が急なほど燃えます。これが最大アチーブメントラインで、これを越えるとほとんど達成ができない、あきらめの領域インポッシブルゾーンです。

この限界アチーブメントラインと最大アチーブメントラインに囲まれたゾーンがアチーブメントゾーンです。その中間にあるライン「アチーブメントライン

■アチーブメントゾーン

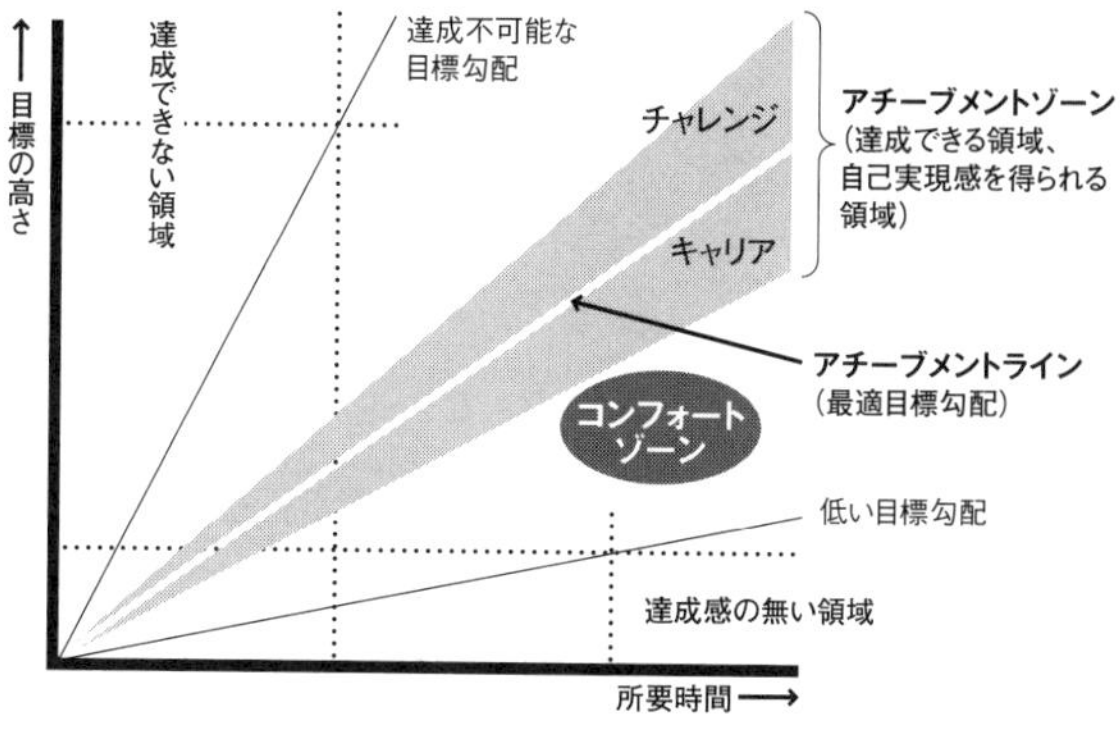

（最適目標勾配）」に目標を設定するようにしましょう。アチーブメントラインより下のゾーンをキャリアゾーン、上のゾーンをチャレンジゾーンと言います。

限界アチーブメントラインより下のゾーンはコンフォートゾーンと言い、一時的な快適さや安心感を得られますが、達成感が感じられず、最初は楽でいいと思っていても、すぐに面白くなくなってしまうでしょう。

自らの能力やコンディションなどを考慮した上で、自分に合ったアチーブメントゾーンを設定することがポイントです。難しすぎず、やさしすぎない目標を設定しましょう。達成できない領域や達成感のない領域に成功はありえません。

基本を概念ではなく、実行で完結しましょう。事前対応が増えると事後対応が減っていきます。事前対応に時間を割き、人と比較しない自分のベストレコードにチャレンジする生き方を歩みましょう。成功は人に決められません。自分なりの最善を尽くすことです。

時をお金に変えることで自由が拡張します。ストックもできるようになります。事前対応の代表格が「能力開発」と「蓄財」です。賢い人は早くから手を打って、現実的な目標設定をすることで無理のない蓄財をしています。自分のお金の使い方を見直してみましょう。現代においてどんな生き方をするかはすべてお金が関係してきます。

ただ、第一は健康です。何よりも自分の健康に投資をしましょう。次に自分に合った職業を選びましょう。最後に浪費家ではない配偶者を選びましょう。配偶者は教育するよりも選び方が大切です。

求めているものを明確にし、大切なものを大切にする生き方を貫くために、ファイナンシャル・マネジメント・リストというフレームワークに則って、優先順位をつけましょう。横軸に「過去の支出」「現在の支出」「近い将来、必要となるお金」「遠い将来、必要となるお金」の項目を設け、縦軸に、

「A　必要不可欠（どうしても必要となるお金、家賃、光熱費、食費など）」
「B　必要（冠婚葬祭費など）」
「C　無駄（あればよいお金、高級車、おしゃれな洋服代金など）」
「D　無駄（なくてもよいお金）」

の4項目を置いた表を作ります。

この表に、これまでの、そしてこれからのお金の使い道を書き出してみます。わたしの過去のお金の使い方は、まさに前に述べた「失敗タイプ」の人間に属していました。Cのあればよい無駄、見栄を張るための

ファイナンシャル・マネジメント・リスト

	過去の支出	現在の支出	近い将来、必要となるお金	遠い将来、必要となるお金
A 必要不可欠〈どうしても必要〉		1	2	3
B 必要		4	5	6
C 無駄〈あればよい〉		7	8	9
D 無駄〈なくてもよい〉		10	11	12

高級品に湯水のようにお金を使っていたからです。

ファイナンシャル・マネジメント・リストの最大の特色は、支出に優先順位がつけられるということです。Aランク（どうしても必要なお金）の横軸にある「現在の支出」「近い将来、必要となるお金」「遠い将来、必要となるお金」に、順に1、2、3と順番をつけます。続けて同じように、B、C、Dランクにも4、5、6とつけていきます。注意すべき点は、表に書き込んだ過去の支出が無駄な項目にばかり当てはまっても、失敗ではなく経験をしたと考えることです。経験を反省し、これからの使い方に生かしていくのが前向きの人生と言えます。

1日100円節約したら、月に4000円稼いだことと匹敵するのです。しかも、労働の負担は一切なく。節約も習慣化すれば、間違いなくそれ以上の節約ができるようになります。お金に対する価値観を変えるだけで、お金は貯まっていくものです。

WANT、CAN、MUSTがあるとき、人は楽なほうを選ぶのでどうしても趣向性が優先されてしまう。老後のために、MUSTをコントロールしましょう。願望は強い、意思は弱い。短期的な願望に対しては、長期的な願望をぶつけましょう。そうしなければ、思考と行動をコントロールできません。将来を考えることで自制が働くようになるのです。世界中の億万長者を研究すると、収入よりはるかに低い支出で生活をしていることがわかりました。見栄も張らない。資産形成のためにエネルギーをうまく配分してお金に働かせています。

蓄財の基本は初級編として、収入の2割を貯蓄に回し、10年続けることです。蓄財が増えると5割貯蓄してもビクともしなくなります。1ヵ月の生活費を不労所得が上回るからです。純資産5億円くらいになると年間2500万円くらいは、キャピタルゲインで生活に困らなくなります。富裕層は純資産1億円ですから、超富裕層と呼ばれるレベルです。貯蓄のコツは、収入−支出＝貯蓄から収入−貯蓄＝支出へのシフトです。

お金と時間を同じように扱いましょう。若いときは、自己投資です。わたしはブリタニカでのキャリアを生かして営業コンサルティングの会社に入りました。そこで役員になって経営を学び、独立したのですが、仕事自体に専念しなかったら、その後はありませんでした。稼ぐ前の能力開発に焦点を当て、そこから稼ぎ、蓄え、増やし、それをまた自己投資するのです。

お金に関するノウハウは実際に蓄えている人のアドバイスを聞くのが一番です。お金は形而下。2億3億が当たり前の世界をどう作るか。形而上の話をしているように聞こえるかもしれませんが、形而下ですべて変えていくことができます。

おかしくなるのは、目標から上だからです。仕事はうまくいくかもしれませんが、家庭は必ず崩壊します。仕事も充実してお金があって人生を楽しんでいる人を目標にしてください。そういう人は必ず周囲に貢献しているはずです。ここで、資産を築く8つの法則をご紹介します。

◉資産を築く8つの法則

①収入よりはるかに低い支出で生活をしている
②資産形成のために時間、エネルギー、お金を効率よく配分している
③お金の心配をしないで済むことのほうが世間体を取り繕うよりもずっと大切だと考えている
④社会人となったあと、親からの経済的な援助を受けていない

⑤子どもたちは経済的に自立している
⑥ビジネスチャンスを掴むのがうまい
⑦自分に合った職業を選んでいる
⑧配偶者が浪費家ではない

どんなに一流と言われる大学を出てもお金儲けできる人とできない人がいます。良い大学を出たわけではなくてもチャレンジし、事業を人に任せて富を増やしている富豪もいれば、真面目だがチャレンジをしない人もいる。能力開発、蓄財をＭＵＳＴに入れると人生が変わります。

資産家になる前に蓄財の習慣を作ることが先決なのです。生命保険文化センター（「生活保障に関する調査」／平成22年度）によると、ゆとりある老後生活費は、夫婦２人で月に約36・６万円かかるとされています。自分の責任ある老後、家族。目的のために蓄財しましょう。究極は

1時間当たりの生産性という話に行き着きます。つまり、スキルの世界はマインドの世界に支えられているのです。

全世界を未曾有の大不況に覆ったリーマンショックで、日本の保険会社も大打撃を受けました。独立や離職する仲間が多いなかで、ある受講生は、会社に残り、全世界でトップクラスの優績者しか入れないMDRTの基準を見事連続達成されました。

転職されたのは4年前、妊娠されている奥様が病気で入院をされており、ご家族も奥様もフルコミッションの収入が安定しない生活は嫌だと断固反対されたそうです。それでも、自分を受け入れてくれたいまの会社に義理を感じ、それを果たさないうちには転職や楽なほうへ行こうという選択肢はなかったと言います。彼がほんとうに売っているのは、自分の人生そのものだと言います。自分の考え方、お客様がどう行動を変えてくれるかに焦点を当て、ご提案されているそうです。

一般的には生命保険は消極的な買い物だと言います。ただ、お客様の行動が変わって積極的な買い物になったとき、投資を惜しまなくなるそうです。飛び込みや電話でのアポ取りは一切せず、ご紹介だけでうまく回っていると言います。

ここでもう一度成功のサイクルを見てみてください。毎日成功のサイクルを続けるのが、成功者の生き方なのです。

3 成功者としての自己概念を形成する

わたしはできる。わたしには価値がある。わたしは勝利者であり、成功者だ。

こうした考え方を身に着けるのに子どものころの体験（過去）は全く関係ありません。自己概念が最も表れるのは、業績。できるできないは頭の中のストーリーでしかない。限界は自分の思考が作るのです。

できると思っている人間は、あきらめません。できることを証明しようとします。できないと思っている人間は周りがいくらできると言ってもできないことを証明しようとします。自己表現で言い訳

■成功のサイクル

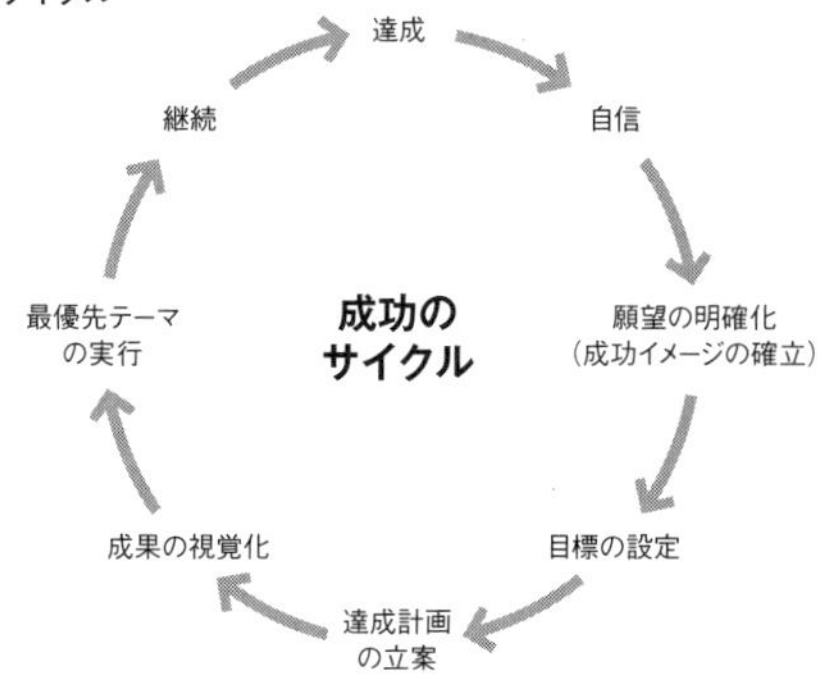

できない環境を自ら作りましょう。成功している会社を見て、そのモデルからどうすべきかを考えましょう。

わたしも北海道から出てきたときは、ふうてんバッグひとつで、ポケットの中の数千円が全財産でした。それでも毎日鏡を前に「お前はセールスの天才だ！」と言い続けて自己概念を高めてきました。信じ込むことで、「セールスの天才だったらどう動くのか？」という意識に変わりました。そうして大学教授や航空業界などアッパーマーケットをおさえ、トップセールスになることができたのです。

自己愛（自尊心）→自己概念→価値観→信念→期待→態度→現実を決定する

これがセルフイメージを現象化するプロセスです。自己概念が変わらなければ、その人の人生は変わりません。マイナス思考にはマイナスの行動がともなってしまうのです。

信じるとは99・9パーセントではありません。１００パーセントです。信じるに値することを信じましょう。その信念の強さが成功を導きます。

セルフイメージを高めるためには、まず、マイナス言葉を捨てましょう。お金に対してマイナスの発言をしたら、お金に対してマイナスになります。「わたしはできる」というのが健全な考え方です。暗示をかけることでセルフイメージは強化されます。

ただし、利己愛と自己愛は違います。自己愛とは自分の存在は人の役に立てるという健全な思想のことです。人の役に立てば立つほど自己愛が上がります。成功者は自分の職業が一番世の中のために役立つと思っています。

糖尿病患者は3割が回復し、3割は悪化してしまうそうですが、目先の欲に負けて食事が制限できなくても、愛する人のためと思えば自制も働きます。

できるできないどちらも正しい。やるだけの価値があることならばやってみましょう。人のために頑張ると紹介が生まれるなど貧しくなろうと思っても貧しくなれなくなります。経済的に豊かになることよりも心を豊かにしましょう。愛という概念がわかれば、人の力を借りられるようになります。

変わるための本質にあるものは思い込みです。

思い込んで行動し↓結果となって自信となり↓自信が更なる大きな成果への挑戦となり↓挑戦から大きな成果が生み出される↓気がついたらここまできた

騙されたと思って、朝早く出社し、上司に「今日まで育ててくれてありがとうございました。これから一層頑張ります」と伝え、掃除などを積極的にこなしてみてください。必ずスポットライトが当たります。能力があっても人格が低いと、どこかで壁にぶつかります。仲間から一緒に働きたくないと思われてしまう人は山ほどいます。

まずは人望。周りのために、言い訳せずに黙々と実行すると、まず同期から尊敬の念が集まります。徐々に気が、キャリアと共に押し上げられていく。もし、利己心で成功している人を見ても、こんなものだと思わないようにしてください。

人生の目的が明確になれば期待が生まれてきます。自分ができるようになったら仲間に教えてあげましょう。その人の目的を明確にする手助けをする。わたしは社長として、新入社員へ初任給を手渡ししています。そして必ず一言添えるのです。

「このお給料はあなたが社会人となってはじめて手にするお給料です。あなたがうちの会社に来てくださったことに感謝しています。いままであなたを育ててくださったご両親にこのお給料からできたら感謝を表してください。お願いします。これから生涯長いお付き合いになりますが、よろしくお願いします」

結納を交わしたら結婚しなければならないように、社員が成長して経営者になっても同じようにしてもらいたいと思っています。

人づくりとは心づくりなのです。ブリタニカ時代もわたしの組織は成長に焦点を当てていたので、定着率はずっとトップでした。ハードワークでも耐えられたのです。

もしお金に焦点が当たっていれば稼げなくなるとやめます。苦しいときほど一歩前に。セールスで言えば、トークは考え方から出てきます。クロージングとは、どこかから取ってきた言葉ではありません。

「感謝しています」と口先だけで言っても伝わらないでしょう。行動で表し続ければ、必ずいい人間関係になれます。社員は家族。それぐらいの思いをもって人を大事にすれば、相手も応えてくれます。感謝する人と一緒に暮らしていたら、幸せでしょう。その反対は不平、不満。オーラに出ます。

わたしも最初は自己中心的でした。それでも、パラダイムシフトがありました。成長とは価値観の肯定的変化です。次にセルフイメージを高める20のアイデアをご紹介します。

◉セルフイメージを高める20のアイデア

①外見を整える
②身体を清潔にする
③笑顔と賞賛を贈る人になる
④いつも周りの人に心配りをし、感謝を忘れない
⑤付き合う相手を慎重に選ぶ
⑥自分の長所を書き出したカードをつくる
⑦勝利リストをつくる
⑧悪い映画や本から身を避ける
⑨失敗を乗り越えて、成功した人の体験談を聞いたり、自伝を読む

⑩良い仲間をつくり、貢献の人生を生きる
⑪アイコンタクトを大切にする
⑫自分に正直に生きる
⑬日々アファメーションを実践する
⑭仕事に対して、大儀名分パワーをもって取り組む
⑮整理整頓をおこなう
⑯毎日の小さな成功を一つひとつ積み上げる
⑰自分との約束を守る
⑱成功者と付き合う
⑲セミナーに参加する
⑳目的から一貫性をもって生きる

成功としてのセルフイメージを形成するために、「アファメーション

「積極宣言！」

私はいかなる時も与えられた仕事に全力投球する。

私は常日頃考えている人間になる。

私は人生に最善を求め、最善を期待する。

私の収入は私が提供するサービスの量に比例して増える。

今日、私は自分がなりたい人間のように振る舞い、行動する。

私は成功するためにこの世に生まれてきた。

私は幸福になる権利を持っている。

私は必ず自分の夢を実現し、貢献の人生を生きることを誓う。

（自己成就予言）」というとても効果的な技術があります。成功者は、自分の成功を予言して目標に臨んでいるのです。それも具体的に「私はこうなる」と宣言し、そのとおりに生きています。また、「自分にはできる」という自己暗示を１日に何度も繰り返しているのです。

「自分には価値がある」という意識を心に刻み込むため、次の文を声に出して読んでみてください。

成功の詩「私には価値がある」

私には価値がある。

私には無限の英知と知恵がある。

私は自分の可能性を信じる。

私は自分をこの宇宙において、唯一無二の存在と認め、

自分の中にこの宇宙の無限のエネルギーが内在していることを信じる。

私は成功するためにこの世に生まれてきた。

私は幸福になるためにこの世に生まれてきた。

私は成功のための条件を全て内に備えている。

ちょうどダイヤモンドが、研磨される前にも、ダイヤモンドとしての

存在価値があるように、私も私自身の存在価値を承認する。

私は価値のある人間だ。

私はすばらしい人間だ。

私は自分を愛する。

私は自分を大切にする。

私は自分を最高最大に生かし切ることをここに誓う。

死をむかえた時に、私は私に対して“よくやった”と言えるような

人生を全うする。

なぜなら私には価値があるからだ。

日常のなかで、同じフレーズをシャワーのように浴びていると、いちいち考えなくても自然にその言葉を口にするようになります。アファメーションを毎日繰り返せば「あなたには?」と問われたら「価値がある」と答えられ、「あなたは?」と尋ねられれば「成功者である」と自然と口から出てくるようになります。

「私は自分が大好き！　私は最高！　今すぐ実行！」

私は自分が大好き！　私は最高！　今すぐ実行！

私は自分が大好き！　私は最高！　今すぐ実行！

私は自分が大好き！　私は最高！　今すぐ実行！

私は自分が大好き！　私は最高！　今すぐ実行！

私は自分が大好き！　私は最高！　今すぐ実行！

私は自分が大好き！　私は最高！　今すぐ実行！

私は自分が大好き！　私は最高！　今すぐ実行！

私は自分が大好きです。

私は自分のことを大切に扱い、

最高最大の人生を生きていくことを誓います。

また、私が自分を愛しているように、

隣人も又自分自身を愛していることを認め、

これからは、隣人を自分と同じように大切に扱い、心から愛します。

私は隣人が大好きです。

私は自分を愛します。

そして、隣人も、心から愛する人生を全うします。

この言葉を、腹の底から声を出して読んでみます。毎朝10回は唱えてみましょう。「今すぐ実行！」とは、何事も後回しにしない習慣を身につけるための言葉です。

これらの言葉を口にするだけで、あなたの考え方は肯定的に変化していきます。わたしは過去において、非常にセルフイメージの低い状態にありました。アファメーションを毎日おこない、徐々に高いセルフイメージへと貼り替えていくことができました。社会に出たあと、自慢できるような学歴もなく、ともかく真剣に努力するしかなかったのです。

アファメーションは、挫けそうになったり、怠け心が出てきたりしたときに、気持ちを鼓舞してくれるものでもあります。声を出して読むのがどうも恥ずかしいという人は、テープに録音して通勤電車や車の中で聞くことでも、同じように良い効果が得られます。

4　心の法則を使う

思いを形にするためには、心の作用を理解することが前提として必要です。信念の法則、期待の法則、因果の法則、習慣の法則それぞれについて説明していきましょう。

①信念の法則

現実とは、自分が力を認めている人が断言するもののことです。現実とは人が五感を通して知覚した世界であり、人によって捉える現実は全く異なります。現実と事実を混同しないようにしましょう。

誰をお客様にしたいのか？　どういう人に来てほしいのか？

理想の見込み客のプロフィールを作り、そこにいかに働きかけられるのかを考えましょう。現実とは千差万別で、全く同一のものは存在しません。たとえば、純資産50億円以上の超富裕層を対象としたセミナーが開催されたりします。現実をどのように捉えるかによって前提が変わります。前提が変わると未来が変わります。

信念が現実を決定する。ビルを建てるとき、建築工学的にこうなるとイメージし、形になる。信念以外の何物でもありません。そのために実績を作りましょう。実績は実在なり。「かもしれない」ではなく、「こうなる」と言えるようになります。

わずか4ヵ月で保険業界の営業職における最高のタイトルTOT（Top Of the Table）を達成した受講生がいらっしゃいます。彼は毎朝3時半に起きて、出社し、自分の仕事は午前中ですべて終わらせてしまうのです。夜は早くに帰って子どもとの夕食を楽しんでいます。サイクルが違うのです。誰も出社しないオフィスで、毎朝どうしたら成果が出るかを考えていると言います。

信念のない人は成功しません。自己中心的な祈りを神にしても実現しません。トップセールスにして欲しいと祈っても原因は自分の技術不足。信念は理のあるものに向かわなければなりません。ほとんどの人は、主観で信念をもちますが、原則中心の思考は訓練で強くなります。

たとえば、売れないものを必死に高いコミッションで売ろうとすると限界がきます。『頂点への道』講座が新規受講生2万5000人を越え、500回以上続けてこられたのは、ミッションでやっているからだと思っています。はじめこの講座を3日間と設定したときに、社員からは売りにくいと反対意見が出ました。3年で6回の再受講をするという仕組

み も、 人 が 集 ま ら な い の で 3 ヵ 月 な い し 6 ヵ 月 に し て く だ さ い と 反 対 さ れ ま し た。

しかし、わたしにはお客様の目標達成技術の習得に強いこだわりがありました。売ることを目的とせず、受講生がほんとうに得られる成果から逆算して期間を設定したので、結果として長く続いています。お客様の8割が口コミで参加してくださっていますが、これは満足したお客様は最高の紹介客になってくださるという信念がセールスマン時代に培われた結果です。「目に見えないものが目に見える現象を創っている」ことがわかったときに、一貫性をもった生き方ができるようになります。

②期待の法則

目に見えないものを心の目で見て信じる。このことについて詳しく説明していきましょう。

あなたはある大会社の社長の娘さんと結婚したとします。その社長には息子がいません。後継者を誰にしようかと考えあぐねていた社長は、娘婿であるあなたを任命することにしました。あなたも「お任せください！」という気持ちになったとします。意気揚々とするあなたを尻目に、社長はある条件を出しました。２ＬＤＫのいまの部屋を引き払って本社の隣にある、古びた３畳一間のアパートに移ってくれというのです。ただし、３年間辛抱すれば、田園調布にある５００坪の邸宅を贈与するということでした。この苦労はつらいでしょうか？　３年後に大きな家に住めると思えば、それほどつらくはないはずです。

これが期待の法則です。現実にはこのような話はなかなかありませんが、いまの暮らしはより良い生活を送るための糧になっていると思えれば、日々明るい気持ちで過ごせるでしょう。そうして実際に現実がそのように変わっていくのです。

自分の環境を欲する心のイメージ写真に近づける行動をしましょう。未来に対する確信があれば、報われるとわかっているので進んで代償を払えるようになります。

仕事で成果を上げたければ、業界のベストを知り、良い書物を読み、成功の研究をして、毎朝成功イメージを描きましょう。

持ち家が欲しいと思ったら、頭金にいくら支払い、月々どのくらい支払う必要があるのかイメージしましょう。必ず実現できるはずです。

あるとき、保険の神様と言われるトニー・ゴードン氏のスピーチに衝撃を受け、この人の本をいつか出したいと願っていたところ、7年越しで成就することができました。

代価と報酬の原理を利用し、自分自身に対して、4LDKに住めるから、いまは3畳一間に住めと言いましょう。アメリカの美容整形外科医マクスウェル・マルツは、自分が自分に対して持っているイメージ、ペルソナを変えられた人が、整形をしたあとの人生が変わると言っています。日本一の売上を誇る美容整形外科の経営者の方が、『頂点への道』講座をご受講くださったときに、このようなことを仰っていました。

「自分に対して悪い言葉を何ひとつ言ってはいけない。その思い込みが心の壁を作る。どうであれ自分自身は変われる。ありのままの自分を受け入れられればいい。整形しても変わらない人は心の中にその映像がある」

わたしが会社を興したころ、車を持てる経済状態ではなかったのでバス通勤をしていました。時にはバスでお客様と出会い、「青木さん、バスに乗るんですか?」と驚かれたこともあります。

それでも当時は、家を建てるために頭金を貯めるという目標があったので、ほかの人たちから何を言われようと、つらかったり、みじめに感じることはありませんでした。

③因果の法則

外的世界は、すべて私たち自身の内的世界の反映です。すべてのことに原因があり、結果があります。

たとえば、相手のイメージにそぐわない波動を自分が出すと人間関係が悪くなります。誰かと仲良くなりたければ、憎しみの世界観ではなく博愛の世界観をもつことです。覇者は一時的に上がっても必ず落ちます。唯一の方法は、相手に愛情をもって関わること。近しい人との関係ほど大事にしなければなりません。

人は内的世界にあるものにしか関心を寄せません。先に述べた上質世界です。人間は自分の願望に入っている人と一緒に過ごすことで幸福感を感じます。

他人の願望に入る自分になりましょう。そのためには、相手に何を求めているかを聞くことです。相手の求めるものを提供すれば願望に入れてくれます。真剣に分かち合うことは貢献です。

選択理論は願望を一致させる技術です。勉強になるからやれと言っても徒労に終わります。頑張ってくれないのは、自分が相手の願望に入っていないからです。

商品を売り込む前に自分を売り込むのがプロのセールスです。脳の仕組み自体がマーケットで、マーケットはすべて人の思考の中にあります。学び、体得し、分かち合い、人は与えた分でしか豊かになれません。成功するのは当たり前。失敗するほうが外れているのです。そういうときは、うまくいかなかったときに、人や景気のせいにしています。追求すべきは、いかに顧客に求められているサービスを提供するかです。

④習慣の法則

習慣は第2の天性と言われます。無意識の選択まで実行レベルを上げましょう。良い種を蒔けば良い実がなり、悪い種を蒔けば悪い実がなる。何も蒔かないと雑草が生えます。雑念が生まれるのです。だから朝早く起きて目的・目標を見て、優先順位にしたがって行動し、夜に内省して寝るのです。この良い習慣をすれば悪い実はなりません。

自分の基本的欲求を満たす習慣を毎日のスケジュールで、時間軸に落とし込みましょう。なぜなら、モチベーションの究極の源は遺伝子だからです。人はいま欲しているイメージを実存の世界に求めて行動します。

付き合う人を変え、書物を変え、環境を変え、技術を磨く。大半の人はやり方がわからないとあきらめますが、達成経験が蓄積されていれば、あきらめません。できることを前提に生きているからです。自己開発することにより、豊かな人生を生きることができます。

印刷工として成功を収め、避雷針を発明したり、100ドル札にもなっているベンジャミン・フランクリンは、ある記者から成功した理由を聞かれて、若いときに打ち立てた次の13の徳目を守ってきたからだと述べています。

「フランクリンの13の徳目」

①**節制**……満腹して活動力が鈍るほど大食してはならない。己を忘れるまで酔うほど飲酒してはならない

②**沈黙**……他人もしくは自分自身を害するようなことは語らな

いこと。すなわち、くだらない話は避けること

③**秩序**……すべての物事にそのあるべき場所を定め、秩序を与えること。それぞれの仕事はおのおのの時間を定めて処理すること

④**決断**……当然なすべきことは、あくまでもこれを成し遂げる決心をすること。いったん決心したことは挫折しないこと

⑤**倹約**……他人もしくは自分自身を益しないことに無駄な出費をしてはならない。浪費はすべて一掃すること

⑥**勤勉**……時間を空費しないこと。何事にせよ、常に有益なことに時を費やすこと。すべて不必要な行動は排除すること

⑦**誠実**……有害な詐術を用いないこと。物事は悪意なく、正し

く考えること。語るときは、心にもないことを語ってはならない

⑧**正義**……有害な行いをしたり、利益をはかるべき義務を怠って不正をはたらいてはならない

⑨**中庸**……極端に走らないこと。当然憤慨するのが当たり前だと思われる行為に対してさえも、耐え忍ぶこと

⑩**清潔**……からだ、衣服もしくは住居は清潔にすること

⑪**平静**……ありふれた些細な出来事や、不可避な事件に遭遇して、取り乱さないこと

⑫**純潔**……みだりに色欲にふけらぬこと。性行為は、健康と子孫のために行うべきであり、そのために、怠惰虚弱を招いたり、自分や他人の平和、名声を傷つけることは避けなければならない

⑬謙遜……キリストやソクラテスを見習って謙虚たること

フランクリンは、13枚のカードを作って、1週間で1枚ずつ見たそうです。朝、昼、晩カードの価値観に反していないかチェックを付けることを生涯を通じて実行したのです。

次に挙げるのは、セールスパーソンの生産性を向上させるために、わたしが考案したものです。フランクリンの13の徳目と合わせて、人生理念を確立する参考にしてみてください。

「セールス成功の13の徳目」

①熱意……セールスに対して強烈な熱意を持ち維持する

②至誠……真心をもって誠心誠意尽くす

③卓越……あらゆることに卓越し、自己の基準を徹底的に高める

④専門知識……お客様の利益を守れる完璧な商品知識を持つ

⑤貢献……自分にも家族にも隣人にも社会にも国家にも世界にも貢献できる人間である

⑥奉仕……尽くして尽くして尽くして尽くし切る

⑦最善……あらゆる物事に対して最善を尽くす。最善以下では甘んじない

⑧**向上**…………常に成長し、発展していく
⑨**改善**…………創意工夫を大切にし、常に今より良くなる
⑩**愛**……………人生の目的を見失わずに愛を人生の中心に置く
⑪**整理整頓**……あらゆる物事に秩序を与える
⑫**優先順位**……常に最優先テーマにそって物事は順序正しく行う
⑬**勤倹**…………勤勉に働き、倹約につとめる

月間1000万円の売上を上げたいと思ったら、月に10件の契約をお預かりする必要があるとします。そのためには月に30回のプレゼンテーションが必要で、月に40件の面会をしなければならず、月に50件のアポ取りをおこない、月に750件の電話掛けが必要になると自然と逆算が

できていくのです。1000万円より750件の電話掛けに眼を向ける。これがプロセス管理です。

毎日5つの欲求が満たせるように、自分で自分を管理しましょう。次に挙げる行動習慣のチェックリストの使用をお勧めします。

行動習慣チェックリスト（毎年、前年比130％の成長を目標とせよ）

・望む収入を得るためにあなたは毎日何を実践しますか？　No.13～28に実践するべき項目を記入し、毎日実践して下さい。

	自分の上司は自分	○満足（できた）　△やや満足（部分的にできた）　×不満足（できなかった）															
1	早起きの実行	1 17	2 18	3 19	4 20	5 21	6 22	7 23	8 24	9 25	10 26	11 27	12 28	13 29	14 30	15 31	16 ／
2	毎朝30分～1時間、 専門分野の勉強をする	1 17	2 18	3 19	4 20	5 21	6 22	7 23	8 24	9 25	10 26	11 27	12 28	13 29	14 30	15 31	16 ／
3	スケジュールとプライオリティ・マネジメント の確認のために時間を20分間とる	1 17	2 18	3 19	4 20	5 21	6 22	7 23	8 24	9 25	10 26	11 27	12 28	13 29	14 30	15 31	16 ／
4	10分間、成功イメージを瞑想する	1 17	2 18	3 19	4 20	5 21	6 22	7 23	8 24	9 25	10 26	11 27	12 28	13 29	14 30	15 31	16 ／
5	車の中では能力開発CD・テープを 聴く（頂点への道CD・テープ等）	1 17	2 18	3 19	4 20	5 21	6 22	7 23	8 24	9 25	10 26	11 27	12 28	13 29	14 30	15 31	16 ／
6	仕事は常に最優先テーマにそって 行う（アチーブメントシステムに従う）	1 17	2 18	3 19	4 20	5 21	6 22	7 23	8 24	9 25	10 26	11 27	12 28	13 29	14 30	15 31	16 ／
7	栄養のバランスを考えた 食事をとること	1 17	2 18	3 19	4 20	5 21	6 22	7 23	8 24	9 25	10 26	11 27	12 28	13 29	14 30	15 31	16 ／
8	毎日適度な運動をする	1 17	2 18	3 19	4 20	5 21	6 22	7 23	8 24	9 25	10 26	11 27	12 28	13 29	14 30	15 31	16 ／
9	楽しみの時間をとる	1 17	2 18	3 19	4 20	5 21	6 22	7 23	8 24	9 25	10 26	11 27	12 28	13 29	14 30	15 31	16 ／
10	家族とのコミュニケーションを行う	1 17	2 18	3 19	4 20	5 21	6 22	7 23	8 24	9 25	10 26	11 27	12 28	13 29	14 30	15 31	16 ／
11	パワーパートナーに貢献する	1 17	2 18	3 19	4 20	5 21	6 22	7 23	8 24	9 25	10 26	11 27	12 28	13 29	14 30	15 31	16 ／
12	成功の13の徳目を実践する	1 17	2 18	3 19	4 20	5 21	6 22	7 23	8 24	9 25	10 26	11 27	12 28	13 29	14 30	15 31	16 ／
13		1 17	2 18	3 19	4 20	5 21	6 22	7 23	8 24	9 25	10 26	11 27	12 28	13 29	14 30	15 31	16 ／
14		1 17	2 18	3 19	4 20	5 21	6 22	7 23	8 24	9 25	10 26	11 27	12 28	13 29	14 30	15 31	16 ／
15		1 17	2 18	3 19	4 20	5 21	6 22	7 23	8 24	9 25	10 26	11 27	12 28	13 29	14 30	15 31	16 ／
16		1 17	2 18	3 19	4 20	5 21	6 22	7 23	8 24	9 25	10 26	11 27	12 28	13 29	14 30	15 31	16 ／
17		1 17	2 18	3 19	4 20	5 21	6 22	7 23	8 24	9 25	10 26	11 27	12 28	13 29	14 30	15 31	16 ／
18		1 17	2 18	3 19	4 20	5 21	6 22	7 23	8 24	9 25	10 26	11 27	12 28	13 29	14 30	15 31	16 ／
19		1 17	2 18	3 19	4 20	5 21	6 22	7 23	8 24	9 25	10 26	11 27	12 28	13 29	14 30	15 31	16 ／
20		1 17	2 18	3 19	4 20	5 21	6 22	7 23	8 24	9 25	10 26	11 27	12 28	13 29	14 30	15 31	16 ／
21		1 17	2 18	3 19	4 20	5 21	6 22	7 23	8 24	9 25	10 26	11 27	12 28	13 29	14 30	15 31	16 ／
22		1 17	2 18	3 19	4 20	5 21	6 22	7 23	8 24	9 25	10 26	11 27	12 28	13 29	14 30	15 31	16 ／
23		1 17	2 18	3 19	4 20	5 21	6 22	7 23	8 24	9 25	10 26	11 27	12 28	13 29	14 30	15 31	16 ／
24		1 17	2 18	3 19	4 20	5 21	6 22	7 23	8 24	9 25	10 26	11 27	12 28	13 29	14 30	15 31	16 ／
25		1 17	2 18	3 19	4 20	5 21	6 22	7 23	8 24	9 25	10 26	11 27	12 28	13 29	14 30	15 31	16 ／
26		1 17	2 18	3 19	4 20	5 21	6 22	7 23	8 24	9 25	10 26	11 27	12 28	13 29	14 30	15 31	16 ／
27		1 17	2 18	3 19	4 20	5 21	6 22	7 23	8 24	9 25	10 26	11 27	12 28	13 29	14 30	15 31	16 ／
28		1 17	2 18	3 19	4 20	5 21	6 22	7 23	8 24	9 25	10 26	11 27	12 28	13 29	14 30	15 31	16 ／
29	毎日ベストを尽くす	1 17	2 18	3 19	4 20	5 21	6 22	7 23	8 24	9 25	10 26	11 27	12 28	13 29	14 30	15 31	16 ／
30	今日の反省と明日やるべき事の 見直しをする	1 17	2 18	3 19	4 20	5 21	6 22	7 23	8 24	9 25	10 26	11 27	12 28	13 29	14 30	15 31	16 ／
31	なるべく今日中に （午前0時までに）就寝する	1 17	2 18	3 19	4 20	5 21	6 22	7 23	8 24	9 25	10 26	11 27	12 28	13 29	14 30	15 31	16 ／

5　パワーパートナーの協力を得る能力

当たり前のことを当たり前にやれば当たり前の結果が出る。勉強であろうが仕事であろうが同じです。つねに考えていればプロセスが見えてきます。

達成を追求するとき、どうしても身に着けなければならないことは、パワーパートナーの協力を得る能力です。他の人がもつ能力を自分のことのように活用する技術とも言えます。

貢献（経済と精神）に加え、お金と心、両方を与えることが重要でしょう。世の中には、安く人を使おうとする人が多いものですが、何かをしてくれたときには、必ず十分なお返しをしましょう。優秀なセールスほどギブします。

この人に誰を紹介しよう、どうしたら喜んでくれるか、相手の立場に立って考える習慣をもつ。あなたが成功させたい人でその人の成功があなたの成功になる人。配偶者、社員、取引先などを思い浮かべてみてください。毎朝早く起きて、会社にどういう貢献ができるかを考えましょう。経営者は一番信頼のおける人に仕事を任せるものです。

専念できない人間は出世できません。パワーパートナーに一番時間とお金を使う必要があります。それ以外に使うとリターンが少なくなる。成功するのは、行動力と責任感のある人間です。他人の幸せ、成功の中に自らの成功を見出すことが達成の秘訣。賢く生きるとは、人の力を借りて、相手の力を借りて、共に生きることです。

相手が自分の願望に焦点を合わせてくれているると思って、一緒にお互いの願望を成就させようとする。そこに共生が生まれます。夫婦で言えば、家庭生活をひとつの生き物だと考え、大事に育てようと努力する。

■共生の原理

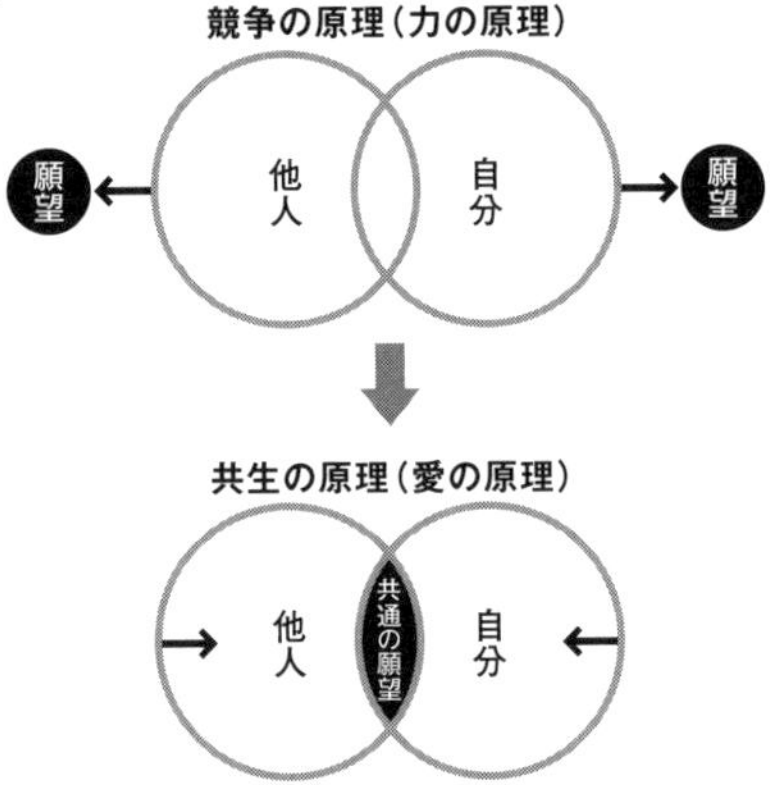
競争の原理(力の原理)
願望
他人
自分
願望
共生の原理(愛の原理)
他人
共通の願望
自分

■貢献の輪

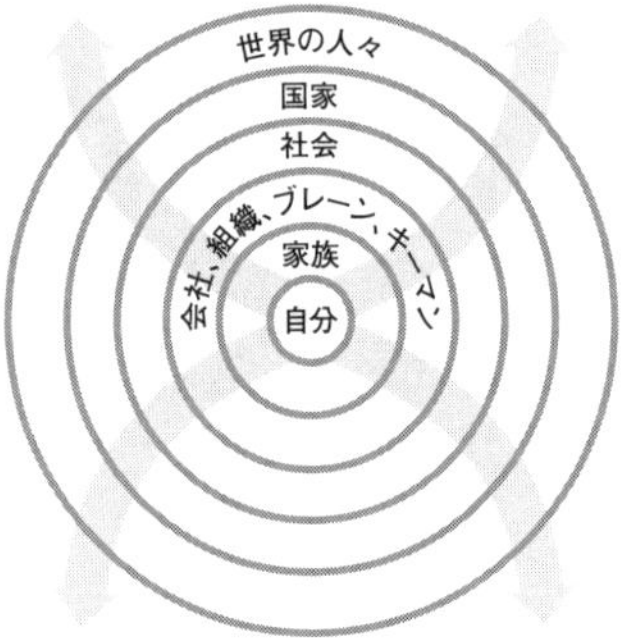
世界の人々
国家
社会
会社、組織、ブレーン、キーマン
家族
自分

仕事、子ども、親、配偶者の順で大切にしている人がたくさんいます。それをインサイドアウトの生き方に変え、まずは自分の健康、それから配偶者を大切にしましょう。身近な人を幸せにできずに、遠くの人を幸せにできるはずがありません。自分の時間の使い方をパワーパートナー優先にしましょう。

パワーパートナーとは、あなたが成功させたい人で、その人の成功があなたの成功となる人のことです。その人自身も自分の人生に明確な目標を持ち、その目標達成のために最善を尽くしています。

わたしがトップマネジャーになれたのは、メンバーに目標設定をさせたからです。成功するマネジャーは、メンバーを目的・目標型にするか、はじめから人材を選びます。率先垂範で、現場型の人間が幹部をやっている組織は強いです。未達成型の組織はリーダーだけが孤軍奮闘しているケースが結構あります。良い組織には、社員それぞれの目標が明確になるようリードする仕組みがあります。悪い組織は、リーダー1人が達成する勝ち負けの組織です。上司に嫌われたくないメンバーは、自分が負けて相手を勝たせる、負け勝ちの関係になりがちです。

自分のメンバーを成功させたければ、目的・目標をもたせることです。わたしも最初は全くパワーパートナーがいませんでしたが、ブリタニカ時代に上司がそれらの大切さ、タイトルを獲る喜びを教えてくれました。

■組織の図

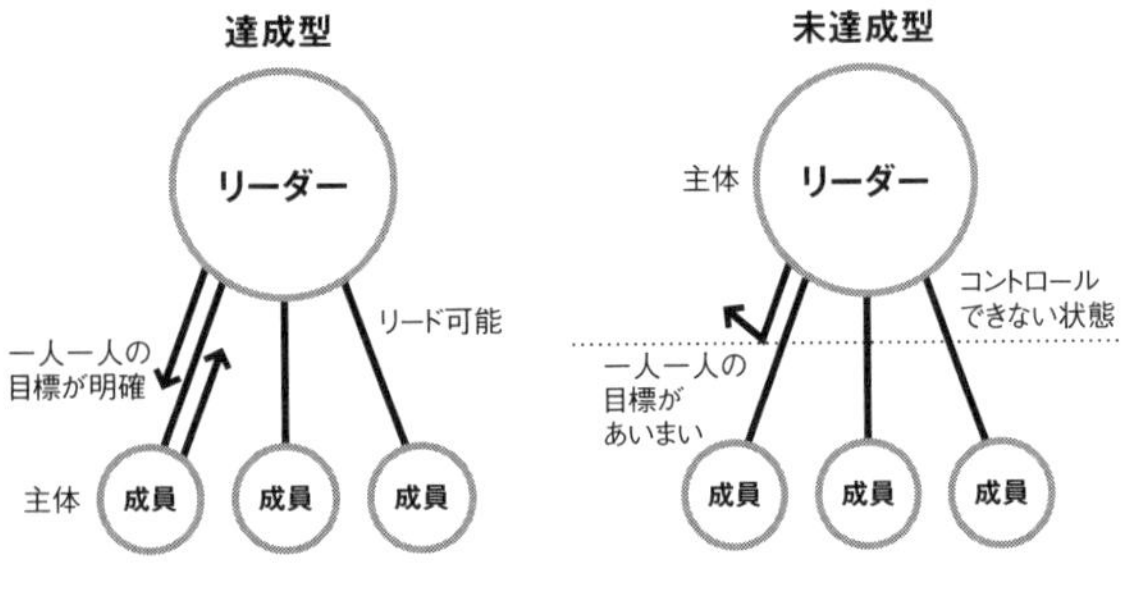

◉パワーパートナーづくりのための20のアイデア

①長所を見つけ、いつも個人的に承認する

②話は最後まで聞く

③真心で接し、成功するまで最大最善の協力を惜しまない

④約束を守る。できない約束をしない

⑤面倒を見る

⑥求めている情報を与える

⑦楽しませるユーモアのセンスを磨く

⑧強制しない　強い提案◯　強いる強制×

⑨怖じけさせない

⑩誕生日にプレゼントを贈る

⑪記念日をおぼえて、花を贈る

⑫誠意を行動で表す

⑬温かい思いやりのある態度で接する
⑭ほほえみを絶やさない
⑮相手が大切にしている人に配慮を示す
⑯批判をしない
⑰家族ぐるみで付き合う
⑱親切にする
⑲褒める（過去形）、励ます（未来形）
⑳クオリティタイムを過ごす

良好な人間関係の特徴は、勝ち勝ちです。誰でも勝ち勝ちタイプになれます。自分はこのタイプだと固定せず、パワーパートナーと共にみんなで勝つことをめざしていきましょう。

ポジティブで行動力のある人は、目標達成型なのでパワーパートナーに遠慮はありません。わたしは社員全員と配偶者の誕生日に花束を贈ることをずっとやってきました。すべてメッセージ付きです。

社員のお子さんには「〇〇ちゃんも大きくなったらお父さんのようにみんなに必要とされる存在になってください」と添えたカードと図書券を贈っています。家族の輪で父親が必要とされていると話題になることが大事なのです。配偶者には「奥様の支えがあって、ご主人は頑張ってくれています」と感謝のメッセージを贈ります。

周りが良くならないかぎり、自分が良くなることはありません。社員が会社の事業目的を通して自己実現できる仕組みを作るのが経営の極意です。パワーパートナーの例は、配偶者（自分の思ったとおりの配偶者ではなかったら、自分の修行だと思う）、重役、社員、取引先、顧客、部下、同僚、ブレーン、協力者、友人などです。

自分の身内から幸せにできないのに、世界を良くしたいと考えるのはおかしなことではないでしょうか。成功は自分から始まり、周囲への具体的な貢献で完成します。目標達成の技術とは、他の人々が求めるものを与えることで自分が望むものを手に入れる技術とも定義できます。

ほかの人々への具体的な貢献なくして、自分自身の求める真の協力者は作れません。心構えから生まれる人間関係の質と量が、人生を決定しています。本人が、周囲の人の願望に関心がないのだから、周囲もその人の願望に関心をもつはずがない。

わたしがセールスパーソンだったころ、「青木、お前が一流のマネジャーになりたければ、こんな部下が欲しいと自分が望む部下として、今を徹しろ」と上司に言われたことがあります。わたしは、ただひたすら「この人のために」と尽くした結果、やがてトップセールスになれたのです。人は、自分のためだけでは、それほど尽力できないものです。ある人は、家族のために努力するでしょう。相手が何を望んでいるかを知り、その実現に対して実際に手助けをしている。行動が伴っていてこそ、真の貢献と言えます。

優秀なセールスパーソンは、トップ20パーセントの顧客をパワーパートナーにしています。親密になると、顧客の側からそのセールスパーソンの願望を実現させたいと思うようになります。信頼と実績で作り上げられた関係が、そうさせずにはいられないのです。

『頂点への道』講座に参加してくださっている優績なセールスパーソンの方々は皆、例外なくボランティア精神に富み、休日返上の社会貢献もしています。

1回のセールスで一生の協力者を作る意気込みが不可欠です。つねに真心と誠意ある態度で接し、相手が求めていて紛れもなくメリットのある情報・商品・サービスを与え続けることです。良好な人間関係とは、相手にも自分にとっても、心地よく気分のよい状態になることです。

基本姿勢は、自分はパワーパートナーのために最大最善の協力をする。また、パワーパートナーにも自分の成功のために最大最善の協力を求めるということです。あなたのパワーパートナーと一貫して勝ち勝ちの関係を築けるように、相手に貢献し続けましょう。

◉パワーパートナーの願望の世界に入る

良好な関係を続けるには、パワーパートナーの願望の世界に自分を入れてもらわなければなりません。相手の基本的欲求を満たしてあげましょう。たとえば、楽しみを与えてくれる人、親身になって相談に乗ってくれる人などは、必ずあなたの願望の世界に入っているはずです。

周りの人に対しても基本的欲求を満たすように心がければ、無意味な衝突はなくなり、良縁の輪が連鎖的に拡大していきます。

また、相手の願望の世界に入れてもらうためには、相手を「変えよう」と思わないことです。親子関係でよくあることですが、自分の思いどおりにいかないからと、すぐ子どもに手を上げてしまう人がいます。日ごろから信頼し合える間柄であれば、理由があれば強く叱っても、子どもは親の真意を理解することはできます。

もし、いつも仕事だけを優先していて、コミュニケーションどころか会話もろくに交わさない関係になっていたら、いかに大義名分があっても、子どもは自分の親を願望の世界から閉め出してしまいます。どんなに子どものためだと言っても、子どもにとっては嫌な思いをするだけなのです。

人を変えようとせず、まずは自分が相手の願望の世界に入れてもらえるように努力すること。自分が変われば周りが変わっていきます。なぜなら、人は自分の願望の世界に入っている人の望みを叶えたいと思うからです。

自分が信頼している人や理想としている人の言うことを、疑うことは少ないでしょう。その人の言うことが正しいというのは、現実だと思います。どんな人物を理想とするか、何を現実として捉えるか、これらは人それぞれです。現実は人の数だけあります。次の図をご覧ください。

この図は、ある人にとっては、相対する人間の顔に見えるかもしれません。また、別な人にとって

©WATARU YANAGIDA/orion/amanaimages

は「壺」や「杯」に見えるかもしれません。どちらも正解です。

さらに言えば、誰も真の現実は知り得ないということです。みんなが、自分と同じように物事を捉えているとはかぎりません。人間関係を良好に保つためには、この真理を十分に認識しておくことが重要なポイントになります。

自分の見方や捉え方がどんなに正しいと思っても、それを他人に押しつけてはいけない。他人が捉える現実も、また、ありのままに尊重する気持ちをもちましょう。それが、人を引きつける精神的磁石です。

6 専門能力を開発し、真のプロフェッショナルになる

名刺がころころ変わる生き方をせず、専門性を極めるということです。

ひとつのことを成果が出るまで徹底的にやりきる。壁にぶつかってすぐに方向転換する人は要注意。

アマチュアは仕事以外が自己実現。プロは仕事が自己実現。考え方が根本から異なります。毎日専門分野の研究をしましょう。

『頂点への道』講座も毎回改良を重ね、一度として同じ内容の研修をしたことはありません。自分の職業分野に関する専門知識は、貪欲に吸収する習慣をつけたいものです。新聞や専門誌を購読したり、業界の人たちや会社の仲間とも積極的に情報交換をして、仕事に役立つ情報を収集しましょう。何も行動せずに能力を磨くことはできません。勉強は朝がお勧めですが、朝が弱いという人は、帰宅後の時間を活用してもいいでしょう。

また、通勤の往路や移動中、そして昼食後などの細ぎれの時間も有効に使えます。真の成功者とはひとつの道を究めた人のことです。以下の

6項目をプロへの道として示しておきます。参考にしてください。

①1つのことを徹底的に成果が出るまでやりきる
②良いコーチにつく。プロに学ぶ
③プロの研究をする
④毎日、専門分野の勉強、研究を怠らないこと
⑤良い人脈をつくること。良質なネットワークを形成する
⑥結果に生きる

7 過去志向型から未来志向型への変革

これまで2000人以上の経営者を見てきて、うまくいっている経営者ほど良い人材を採用していると気づきました。経営者は採用の基準を

上げると5年後、10年後に楽になります。優秀な人材が会社の未来を切り開いてくれるからです。そのために良い経営をしなくてはなりません。

わたしは、はじめセールスが嫌いでした。飛び込みをしてネガティブなことを言われ、電話をかければNOの嵐……。でも続けることで好きになりました。なぜなら達成経験が積み上がったからです。

成功している未来の自分（あるべき姿）に焦点を当て、今日を意欲的に生きましょう。どんなに嫌な出来事でも、すべて意義ある経験として再認識し、いまある自分の行動と、よりよい未来形成に活かしましょう。

現実には、人に騙されたり、裏切られたりします。どんな慰めも、激励も、聞く耳をもてなくなってしまいます。癒されるには、それなりの時間も必要とされるでしょう。

希望やプラス思考は、本人が自らの心に刻み込むものです。前向きの生きざまを選択するのは、自分の思考です。否定的・厭世《えんせい》的な思考は、無意識のうちに心に沈殿します。あるいは過去の過ちから自責の念に駆られることは、限りある人生にとって有益ではありません。自分を責めるのではなく、心の底から自省をすれば、未来が見えてきます。その気持ちを大事に「これからは、誠実に生きるぞ！」と決意し、実践してみましょう。過去に起きた出来事は誰にも変えることはできませんから、変えられないことにこだわるのはやめて、これからの未来のことを考えましょう。

8 一生学び続ける

専門知識は成功に不可欠です。いくつになっても向学心・向上心を持ち続け、学ぶ姿勢を忘れないで生きたいものです。学びに卒業はありません。わたしは学ぶ歴史こそ学歴と定義し、学び続けてきました。

ただし、注意することがあります。社会に有益であり、自分やパワーパートナーの成功に寄与するものでなくては、学ぶ努力は報われません。心理学者ヘルマン・エビングハウスの忘却曲線というものがあります。

20分後には、42%を忘却し、58%をおぼえていた。
1時間後には、56%を忘却し、44%をおぼえていた。
1日後には、74%を忘却し、26%をおぼえていた。
1週間後には、77%を忘却し、23%をおぼえていた。
1ヵ月後には、79%を忘却し、21%をおぼえていた。

人は忘れやすい生き物です。『頂点への道』講座を3年間で6回の再受講フォローシステムにしたのも、きちんと学びを体得していただくためです。学びを習慣にする方法として以下の8項目を挙げました。これらを参考にしてみてください。

①読書の習慣をもつ（年間最低50冊は読む）

②成功者と付き合う（できるかぎり業界のベストと付き合う。お金持ちになりたければ金持ちと付き合う。金持ちのいる場所に住み、金持ちのいる学校に入る。上質の価値観をもっている人と交際したほうがいい）

③通信講座をとる

④毎日2つの質問（何がうまくできたか？　ほかの方法でやるとしたらどうするか？）をする

⑤良い教師とメンターをもつ（メンターは5つの分野にもつのが望ましい）

⑥あらゆることを鋭く観察すること（人を見るときには深く行動を見

る）

⑦自分の職業を自己開発のためのものと位置づけ徹底的に質を高める

⑧セミナーに出席する

9　健康管理を徹底し、エネルギッシュに生きる

健康は有形無形の財産です。莫大な富を手に入れても、身体を壊してしまっては幸せにはなれません。日ごろから適度な運動と、栄養バランスの取れた食事をしましょう。意欲的に健康を保つ生活を続けるべきです。偏食や暴飲暴食、不摂生はやはり健康を蝕みます。3度の食事と規律正しい生活、そして適度の運動を日課としましょう。以下にわたしが取り組んでいる健康管理のための10項目をまとめました。

①よく噛む。虫歯をすべて治す
②寝る3時間前は腹に食べ物を入れないようにする
③適度な運動をする（毎日1万歩程度）
④肉類を少なくし、旬のものやその土地でできた新鮮なものを食べるようにする
⑤熟睡できるよう環境を整え熟睡する
⑥早寝早起きを実践する
⑦明るく生きる。くよくよしない
⑧良い水を飲む
⑨ストレス管理をおこなう
⑩健康補助食品をとる

10　実践主義に徹する

成功は観念ではなく、実践・実務です。イタリアの経済学者ヴィルフレド・パレートによる80：20セオリーに基づいて行動すると、優先事項の20パーセントによって80パーセントの成果を生み出されます。

たとえば、セールスの効率を上げるには、限られた時間で、いかに多くの見込客を開拓し、訪問件数を多く確保できるかにかかっています。

セールスの仕事は、

・見込客の開拓
・プレゼンテーション
・フォローアップ

の3点に絞られ、これらの活動効率を上げることが営業の成果を分ける大きなポイントとなります。自分の報酬を決定している上位20パーセントの仕事を選び出し、それに当てる時間を増やさなければなりません。以下は、セールスパーソンの仕事の内訳です。毎日の活動を分析し、前述の3点に十分な時間をかけているかどうかをチェックしてください。

・外回りの移動時間
・顧客のアフターサービス
・報告書の作成

■パレートの法則

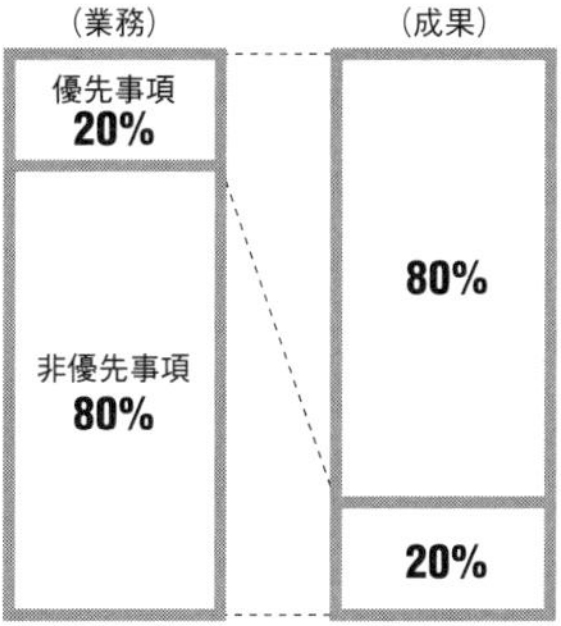

・商談
・商談のためのアポイントをとる時間
・会社のセールストレーニング
・会議、ミーティング
・雑務（その他）
・商品知識のための勉強
・新規見込客の開拓

1週間の行動時間を分析してみるとどうでしょうか？　移動時間が長かったり、雑務の時間が多かったり、有効面談時間が少なくなったりしていませんか？

業務を先に述べた3点（見込客の開拓、プレゼンテーション、フォローアップ）に絞り、それぞれに全体の2割ずつ時間を割り当てて、残りの4割で移動や雑務、会議などの仕事をこなすようにしてください。優先順位を確認し、最重要事項に時間をかけないかぎり、成果は上がりません。

もし、仕事がマンネリ化しているようなら、プライベートの時間も含めて、1日24時間バランスよく活動をしているかどうかをチェックしてみましょう。

日々の業務には、非常に大切な仕事だがさほど急ぐ必要がないものと、とにかく急いで処理しなければならない仕事があります。つまり、重要度と緊急度とに分類することができます。マトリックスを使って考えると、そのことを理解することができます。

縦軸を重要度、横軸を緊急度とします。

第1象限（A）……緊急であり、なおかつ重要な業務
第2象限（B）……最重要だが、緊急ではない業務
第3象限（C）……重要ではないが、緊急な業務
第4象限（D）……重要でも、緊急でもない業務

第1象限は、重要度も緊急度も高いわけですから、すぐにでも取りかからねばならない最優先事項です。第2象限は、重要度は高いが緊急度が低いのでつい後回しになりがちです。しかし、じつはこの領域に含まれる事柄こそ最も役立つ行動になります。第3象限は、重要度が低いが緊急度が高いため、つい第2象限より優先してしまいがちです。しかし、本来はあくまでも第2象限の業務を済ませたうえで処理すべき業務です。

第4象限の業務を優先させたり、多くの時間を割くのは効率的とは言えません。この象限には、自分の業務がないことが理想的です。

成功者は、成果を上げるために必要な時間を好き嫌いで判断するのではなく、やるべきかやらざるべきかで判断しています。

そして、第1象限が終われば第2象限、第3象限、第4象限へ順に移っていきます。注意したいのは、第1象限に着手したあとに、緊急度に追われて第3象限へ行きがちだということです。成功の重要なポイントは、この第2象限の時間をできるかぎり増やすことです。

生産性の上がらない人は、いまやらなくてもよいことに精を出して、やるべきことをする時間を失っています。仕事のやり方、時間の使い方すべての面でプライオリティ（優先順位）のつけ方が、成果の違いとなって現れます。

目標達成の秘訣は決断と実行にあります。やると決めること、そして成し遂げるまであきらめないこと。そのための事前対応を考えると、優先順位が変わります。

目標からプランニングすると、いままで第1象限にあったものが第3象限に入るようになります。そして、徐々に第2象限の出来事を1日に組み込めるようになってきます。たとえば教育に投資をして管理職を多く輩出することで組織の生産性が高まるといったことです。同じ時間でも使い方を変えると生産性が上がります。

■重要度と緊急度

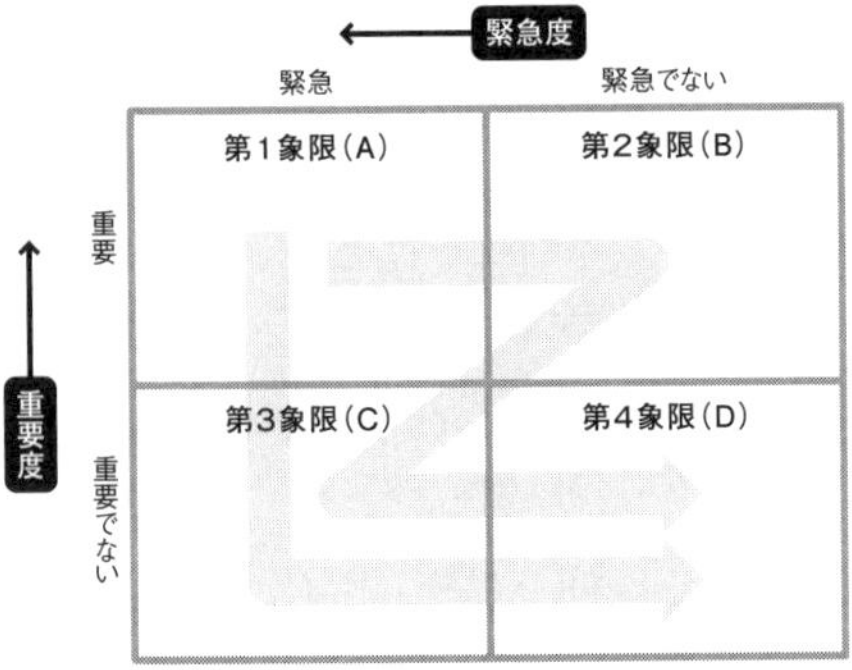

日常生活・業務の水路化現象

人はWANTSに流されます。成果の追求よりやりたいことをつい優先させてしまう傾向がある。これを「日常生活の水路化現象」と呼んでいます。

考えることが苦痛という場合もあります。達成の唯一の方法は、感情を理性的で懸命な行動に結びつけることです。概念ではなく、身体で体得する。当たり前のことを特別に熱心にしかも徹底的にやり続けることで道が開けていきます。

また、目の前の雑務やその場の思いつきに流されてしまうこともあります。本人にはさほど自覚がなく、忙しく仕事をしているつもりだから厄介です。これは「日常業務の水路化現象」と言います。たとえば企画書制作の得意な営業が、書体やレイアウトを変えたり、表やイラストを挿入したりと、1日中パソコンの前から動かない。そして「忙しい！」「間に合わない！」を口癖にしている。営業としての役割は、言うまでもなく営業成績を出すことです。つまり、企画書の質ではなく、顧客のニーズや課題を聞き出し、その解決策となる商品・サービスを素早く提示するのが、本来の仕事。顧客にとってメリットのある提案であれば、手書きの企画書でも十分なのです。「ワーッ！　きれい！」と企画書に感激したから成約に至るという確率は極めて低いでしょう。

人生にはたくさんのどうでもいいことと数少ない大切なことがあります。この数少ないことを習慣化していくことが成功の不可欠の条件です。これを阻止するには、やはり事前にきちんと計画を立てて、いまやるべきことの優先順位を明確にして、それを守りながらただひたすらに行動していくことです。次の習慣に陥ってはいないか、各々チェックしてみてください。

◉日常生活の水路化現象

□蓄財することよりも、つい浪費をしてしまう
□摂生よりも、不摂生になりがち
□早起きよりも、朝寝坊が好き
□勤勉よりも、怠惰な生活に流される
□自己開発に投資するよりも、娯楽が好き
□親孝行よりも、自分の遊びを優先してしまう
□成果の追及よりも、成果と関係ないことでもやりたいことをつい優先させてしまう傾向がある

◉日常業務の水路化現象

□嫌いなことより、好きなことを先にする
□時間がかかることより、早くできることを先にする
□難しいことより、やさしいことを先にする
□はじめてのことより、慣れたことを先にする
□自発的なことより、命じられたことを先にする
□重要なことより、急ぐことを先にする
□予定したことより、飛び込んできた仕事から手をつける

アチーブメントバランスの概念

目標達成とはバランスを伴ったものです。どれほど富を手にしようとも、人格の完成をめざしたバランスの取れた人生の実現が真の達成であ

ると定義しています。そこで、まずはあなた自身のアチーブメントバランスを明らかにし、そこから各分野における目標をバランスよく設定していきましょう。自分が望むものには□に、満たされているものは▨にチェックを入れてください。また、具体的に考えていることや思いついたことがあれば（　）にその内容を記入してください。

◉健康・体力分野に関するチェック（生存の欲求）

□▨体力を維持していく必要があるか
↓その具体的内容は（　　　　　　　　）

□▨体力をさらに増強する必要があるか
↓その具体的内容は（　　　　　　　　）

□▨毎日の健康管理にとくに注意する必要があるか
↓その具体的内容は（　　　　　　　　）

□□自分の持病を管理（克服）する必要があるか

↓病名とその方法は（　　　　　　　　　　　　　）

□□毎日運動を続ける必要があるか

↓いつ、どこで、何を（　　　　　　　　　　　）

□□健康管理に関するアドバイザーを作る必要があるか

↓予定される人物は（　　　　　　　　　　　　　）

□□いざという時に即対応してくれる医者を見つけておく必要があるか

↓予定される人物は（　　　　　　　　　　　　　）

◉人間関係分野に関するチェック（愛・所属の欲求）

□□色々な分野の人との人脈を作る必要があるか

↓どのような方法で（　　　　　　　　　　　　　）

□□資金的援助をしてくれる人を確保しておく必要があるか

↓その目的と予定者は（　　　　　　　　　　　　　）

□□遊び相手を確保しておく必要があるか

↓予定される人物は（　　　　　　　　　　　　　）

□□さまざまな問題の相談相手となってくれる人を確保しておく必要があるか

↓予想される相談と人物は（　　　　　　　　　　）

□□なんらかのクラブやサークルに加入する必要があるか

↓その目的と分野は（　　　　　　　　　　　　　）

□□目標達成のための〝パワーパートナー〟（真の協力者）を作る必要はあるか

↓予定される人物は（　　　　　　　　　　　　　）

□□共通の目標をもった仲間を作る必要があるか

↓どのような方法、目標で（　　　　　　　　　　）

◉家族・家庭分野に関するチェック（愛・所属の欲求）既婚者用

□□子どもあるいは親の扶養についてとくに考える必要があるか

↓その具体的内容は（　　）

□□自分の計画に関して、家族の同意を得ておく必要があるか

↓その同意を得る方法は（　　）

□□子どもの進級・進学問題について、とくに配慮する必要があるか

↓その具体的内容は（　　）

□□マイホームを購入する必要があるか

↓予定地、予定額、資金準備は（　　）

□□子どもが手を離れたあとの、夫婦2人での再出発について考慮しておく必要があるか

↓その具体的内容は（　　）

□□配偶者に対して、特別に考えておかなければならないことがあるか

↓その具体的内容は（　　　　　　　　　　　　　　　）

□■家族とのクオリティタイムをいまより増やす必要があるか

↓そのために必要なことは（　　　　　　　　　　　）

◉家族・家庭分野に関するチェック（愛・所属の欲求）独身者用

□■親の扶養についてとくに考える必要があるか

↓その具体的内容は（　　　　　　　　　　　　　）

□■自分の計画に関して、家族の同意を得ておく必要があるか

↓その同意を得る方法は（　　　　　　　　　　　）

□■マイホームを購入する必要があるか

↓予定地、予定額、資金準備は（　　　　　　　　）

□■恋人または婚約者に対して、特別に考えておかなければならないことがあるか

↓その具体的内容は（　　　　　　　　　　　）

□□家族とのクオリティタイムをいまより増やす必要があるか

↓そのために必要なことは（　　　　　　　　　　　）

□□結婚相手など生涯のパートナーを見つける必要があるか

↓その方法と具体的内容は（　　　　　　　　　　　）

□□結婚資金を用意する必要はあるか

↓その額と具体的方法は（　　　　　　　　　　　）

◉仕事・職業分野に関するチェック（力の欲求）

□□職業や職種を変更する必要があるか

↓どのような職業、職種か（　　　　　　　　　　　）

□□新しい専門性を開発する必要があるか

↓どういう方法で開発するか（　　　　　　　　　　　）

□■いまの専門性をさらに充実させる必要があるか
↓どういう方法で充実させるか（　　　　）
□■地位の向上が必要か
↓どのような地位か（　　　　）
□■仕事上の実績を一段と向上させる必要があるか
↓どのような方法で（　　　　）
□■独立・開業の必要があるか
↓どのような分野の仕事か（　　　　）
□■仕事上のパワーパートナーをもつ必要があるか。または社内の人間関係をうまく作る必要はあるか
↓どのような人達か、どのような方法で（　　　　）

◉能力開発分野に関するチェック（力の欲求）

□□いまの職務に関連した分野、または自分の専門分野において、能力開発をする必要があるか

↓その具体的内容は（　　　　　　　　　　　　　　　）

□□いまの職務以外の分野、または自分の周辺分野で、能力開発をする必要があるか

↓その具体的内容は（　　　　　　　　　　　　　　　）

□□教養を高めるような能力開発をする必要があるか

↓その具体的内容は（　　　　　　　　　　　　　　　）

□□なんらかの資格を取得する必要があるか

↓その具体的資格名は（　　　　　　　　　　　　　　）

□□自分の短所・欠点を克服するために、特別な能力開発、訓練をする必要があるか

↓そのために必要なことは（　　　　　　　　　　　　　　）

□□能力開発のために、体系立った読書計画をもつ必要があるか

↓どの分野の本を何冊ぐらい（　　　　　　　　　　　　　　）

□□能力開発上のパワーパートナーをもつ必要があるか

↓どんな方法で（　　　　　　　　　　　　　　　　　）

◉蓄財・経済分野に関するチェック（自由の欲求）

□□生活費の確保について考慮しておく必要があるか

↓その具体的内容は（　　　　　　　　　　　　）

□□各種資金を準備しておく必要があるか

↓その目的、方法、金額（　　　　　　　　　　）

□□貯蓄をする必要があるか

↓その手段、目標額は（　　　　　　　　　　）

□□借金をする必要（可能性）があるか

↓借入の目的、借入先、金額は（　　　　　　　　　　　）

□□ローンの返済をきちんと計画化しておく必要があるか

↓ローンの内容、返済方法、金額は（　　　　　　　　　）

□□収入の安定ということについて、特別に考慮しておく必要があるか。また副収入源をもつ必要性があるか

↓その手段と希望額は（　　　　　　　　　　　　　　　）

□□なんらかのアルバイトをする必要があるか

↓その目的と収入予定額は（　　　　　　　　　　　　　）

◉趣味・教養分野に関するチェック（楽しみの欲求）

□□いまの趣味・特技を職業化する必要があるか

↓趣味の内容と職業化の方法は（　　　　　　　　　　　）

□■いまの趣味をより深く極める必要があるか
↓その目的と方法は（　　　　　　　　　　　　　　　　）
□■趣味の幅を広げる必要があるか
↓その具体的内容は（　　　　　　　　　　　　　　　　）
□■何かひとつでもスポーツをマスターする必要があるか
↓その具体的内容は（　　　　　　　　　　　　　　　　）
□■何かひとつでも文化的趣味を確保する必要があるか
↓その具体的内容は（　　　　　　　　　　　　　　　　）
□■自分の余暇時間を確保する必要があるか
↓確保の仕方と使い方は（　　　　　　　　　　　　　　）
□■趣味を共にする人生のパートナーを作る必要があるか
↓予定される人物は（　　　　　　　　　　　　　　　　）

７つの分野の項目それぞれについて「望むもの」のチェック数と「満たされているもの」のチェック数をそれぞれ次の図に記入して、７角形を作成してください。

アチーブメントバランスを見たときにどの分野を満たす行動が必要だと考えますか？　あなたがやるべき行動（目標）を目標構造化シートにまとめてください。

■アチーブメントバランスの概念

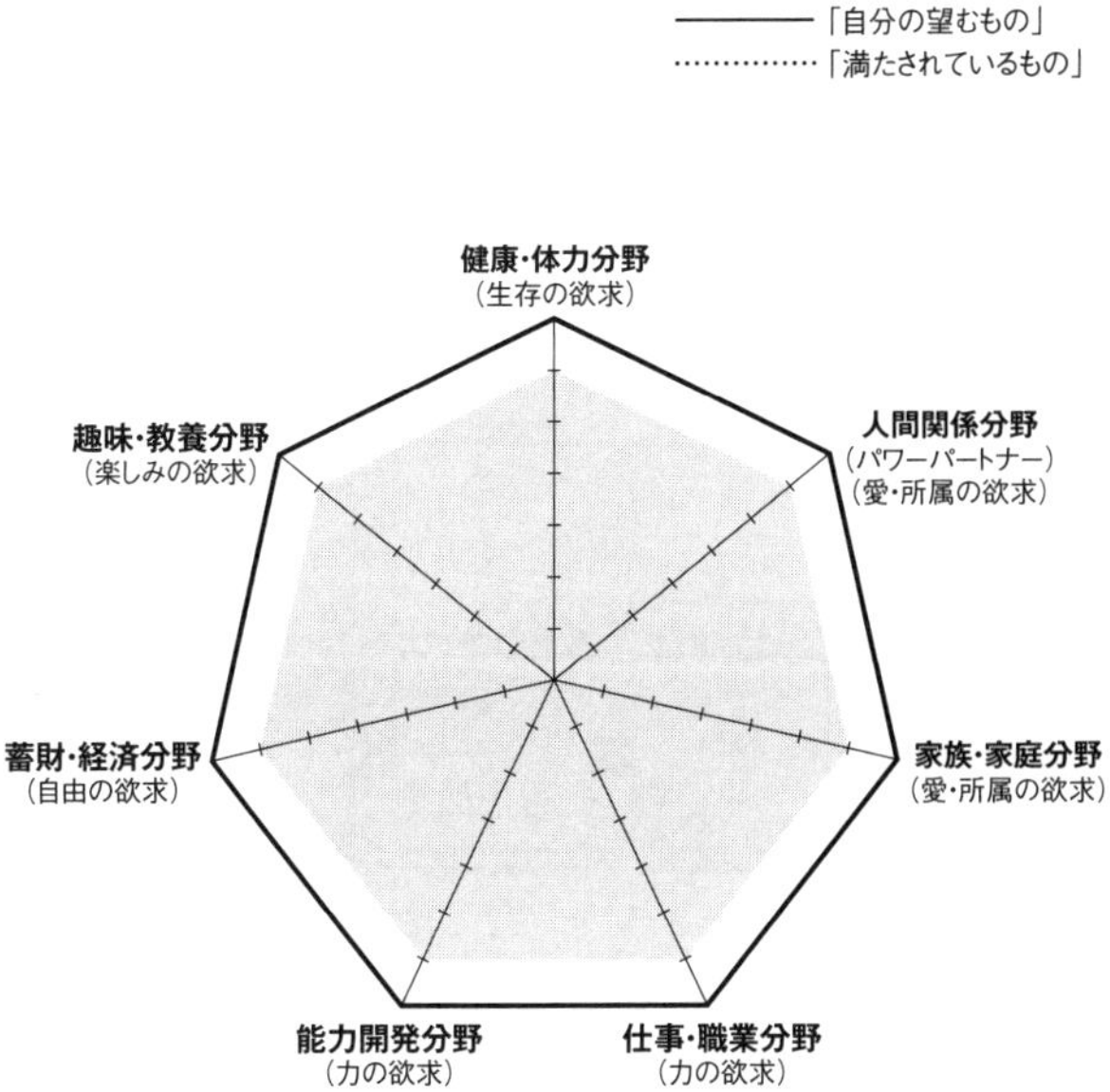

■目標の構造化シート

私（　　　　　　　　　　　　）の目標　　年　　月　　日作成

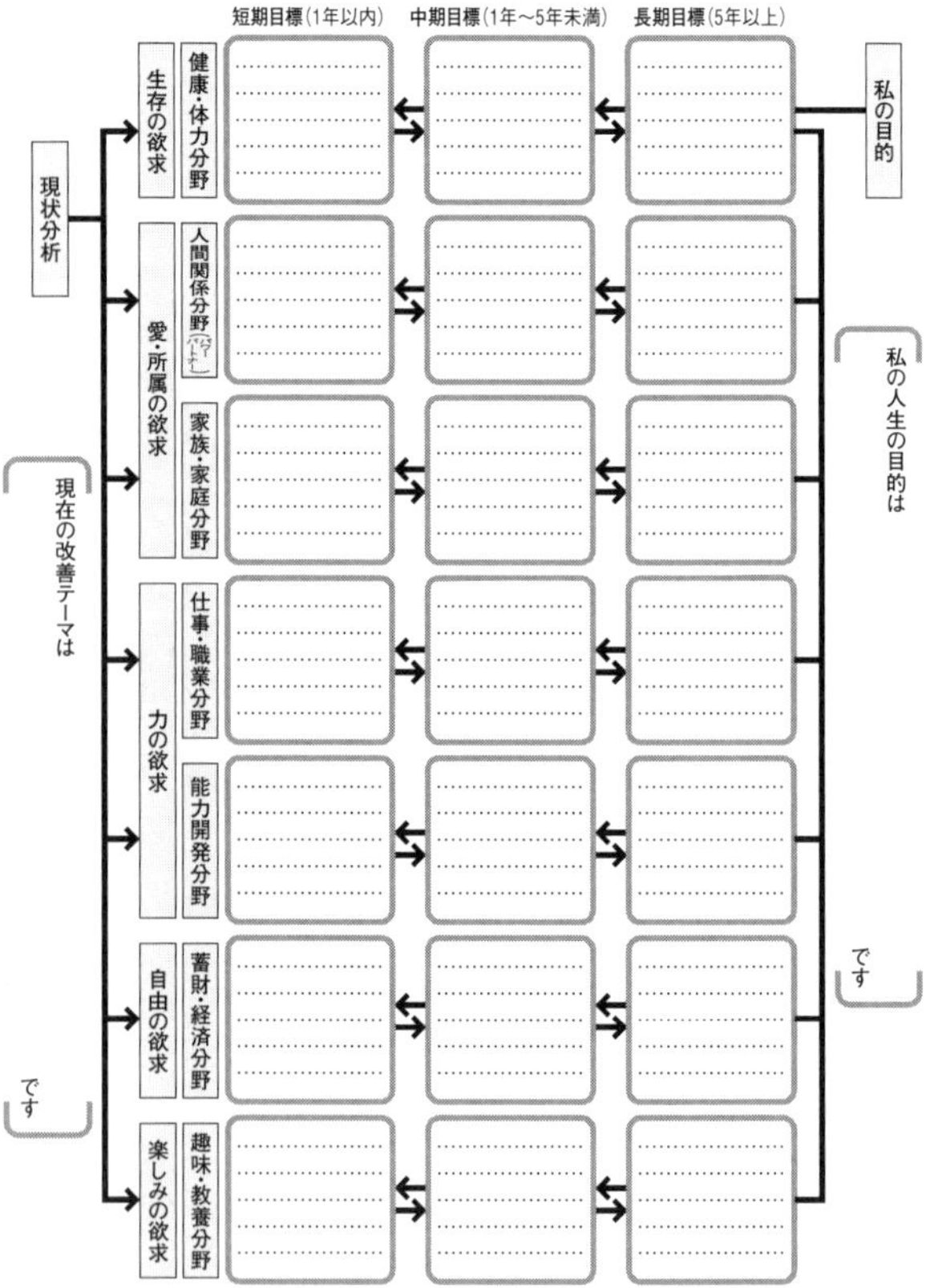

第5章

達成計画の立案

目標達成には綿密な計画が不可欠

これまで目的を明確にし、目標を設定してきました。また、達成するための原理原則についても学んできました。いよいよ、綿密な達成の計画を立てるときです。目標を達成するための手順、方法、内容を具体的に定めましょう。

計画を立てるときは、まず自分の願望を書き出します。そして、具体的でしかも期限を限定した目標を設定します。次に、現状分析です。願望と現実のギャップを見据え、克服すべき問題点や課題を鮮明にします。それに優先順位をつけて実行プランを時間軸に落としていくことが、計画化です。

計画を立てるときには、達成したらどんな成果があるかまでを描いて、実行のガイドラインを作成します。日々の行動を目的からズレにくくするためです。ただし、いまの行動が効果的か、より良い方法はないか、つねに改善点を模索することも重要です。より具体的な計画は「5W2H」で整理するとスムーズにできます。

WHEN（いつ）

課題をいつまでにクリアするのか、毎日の時間枠の中でどのような解決策を元に行動していくのか。また、会社までの通勤時間や休憩時間、休日に活用できる時間などを書き出してみましょう。「チリも積もれば山となる」「継続は力なり」がキーワードです。

WHERE（どこで）

課題を追求するための場所を考えます。「語学力を磨く」というとき、ラジオやテレビなどを利用して自宅で学習するのか、英会話教室でレッスンを受けるのか、どのスクールに通うのかなどをはっきりさせます。

ＷＨＯ（だれが）

どんな人物が目標を達成するために最適なパートナーなのかを考えます。候補が絞れたら、相手にとってのメリットは何か、どういうアプローチが必要で、自分の意志をきちんと伝えられるか、あらかじめロジックを組み立てておきます。

ＷＨＡＴ（なにを）

課題の解決策そのものを確認します。行動が具体的にイメージできるようにすることがポイントです。たとえば漠然と「能力開発セミナーにでも行くか」ではなく、「アチーブメントが開催する『頂点への道』講座に参加し、自分の方向性を明確にする」というように、すぐにでも行動できるような具体性が必要です。

ＷＨＹ（なぜ）

課題に取り組む根拠を明らかにします。根拠が明確になるとモチベーションが高揚し、課題解決のために取るべき行動の模索が始まります。

HOW（どのように）

課題をどのように達成するか、その解決策や克服法を具体的に考えます。効果の上がりそうな方法をいくつもアイデア・マネジメント・リストとして書き出しておくと、改善策が速やかに提示できるようになります。

HOW MUCH（いくらで）

課題を達成するためには費用の面でも十分な検討が必要です。最小の経費で最大の効果を上げることはもちろんですが、徹底した予算管理の元にすべてを進めることです。

良い計画の10項目

いままで計画について色々と述べて来ましたが、実現しやすい、良い計画とはどのようなものなのかをまとめてみました。参考にして計画を立ててみてください。

1　アチーブメントゾーンに入っていること

現実的に達成できる目標を設定し、それが達成できたら次の目標にチャレンジする。目標達成を繰り返すうちに、達成できる領域はどんどん広がっていきます。さらにそれが広がれば広がるほど、大きな自信と強い信念がもてるようになっていきます。アチーブメントゾーンの概念は先に述べたので詳しい説明は省きますが、私たちは本来、適度な進歩発展を望んでいます。この適度な成長のために適度な難度を設定し、適度なチャレンジ項目を設定するのが、知恵です。人間は成長したがっている、チャレンジしたがっているということを知り、その上でコントロールできる自分づくりを進めていきましょう。

2　あなたの管理下にあること

あなたが管理できる範囲で目標設定し、責任をもって達成しましょう。必然的に自分がコントロールできるところまで対象を絞るか、コントロール能力を高めるかのどちらかになります。別の表現をするなら、身の程を弁《わきま》えた目標設定です。

3　プロセスを確認できるものであること

進捗度がわかるということ。または、わかるような工夫をして進めましょう。グラフに記入したり、表に書き込んだりして、進歩の様子を具体的に自分で把握できるようにします。それによって、毎日を積み重ねれば達成できると安心し、自信をもって前進できます。これは、力強い歩みにつながっていくでしょう。

4　即、取り組めるものであること

「行動こそが状況を変える」「案ずるより生むが易し」。すぐに取り組めるもの、すぐにやれるものであることが大事です。とにかくやってみれば、思いのほか状況は好転していくもの。その意味でも、すぐ実行することで、状況を変え、気分も変えることができます。

5　長期計画と短期計画に一貫性があること

アチーブメントピラミッドにしたがって、人生理念に始まり、長期・中期・短期、そして半期・四半期・毎月・毎週・毎日の目標が、一貫していることが最も好ましい計画です。心と計画に一貫性があれば、実行のベクトル（方向）はつねにゴールに向かっていきます。

6　習慣、習性となるもので、繰り返すものであること

習慣は予想以上の力をもってます。「簡単であること」「よいこと」「基本的に大事なこと」が習慣にすべき条件です。

7　到達点に焦点を合わせず、プロセスに焦点を合わせたものであること

「正しい方法」「正しい手順」「正しい結果」であるべきです。原理原則に則った計画を練りましょう。次に過程中心の計画と結果（目標）中心の計画を挙げてみます。

8　何かを「やめる」プランではなく、何かを「する」プランであること

マイナス発想・思考から生まれるプランは好ましくないということです。「創り出す」「建設的に進めていく」計画を立てましょう。たとえば「禁酒する」ではなく「お酒を飲まない健康志向の友人と毎日語らいの時間を作る」というものにすべきです。

■過程中心と結果中心の計画

過程中心の計画	結果（目標）中心の計画
① 配偶者を3回ほめる	① 配偶者と仲良くなる
② 20分間早足の散歩をする	② 鬱状態を克服する
③ 毎日新しい人に会う	③ 新しい友人をつくる
④ 今週3回ボーリングをする	④ ボーリングの得点を10点上げる
⑤ 朝食にドーナツではなくシリアルを食べる	⑤ 10キロ減量する
⑥ 会合に出席し、一度はボランティアをする	⑥ グループに受け入れられる
⑦ 電話をかける	⑦ 電話で友人と話す
⑧ 休暇をとる	⑧ 休暇をとってリラックスする

9　社会正義に反しないものであること

私たちがほんとうの成功をめざすときに、社会正義に反していてはいけません。社会貢献を通じて成功する。そのための目標でなければ真に価値あるものとは言えません。

10　基本的欲求と願望を満たすものであること

毎朝目的目標を確認し、その日1日やるべきことを考え、基本的欲求を満たせるように計画を立てましょう。5つの基本的欲求と願望を満たす計画が継続のコツです。

以上の10項目に照らし合わせて目標を見直した上で、巻末の記入例を参考にしながら中長期と年間の行動計画を立ててみましょう。

中・長期の最重点目標

中・長期の目標			
1		4	
2		5	
3		6	

年	年	年	年	年	年	達成による成果のイメージ

中・長期行動計画表

年　月　日作成

行動計画	成否のポイント	年	年	年	年

今年の最重点目標

今年の目標			
1		4	
2		5	
3		6	

	月	月	月	月	月	月	月	達成による成果のイメージ

年間行動計画表

年　　月　　日作成

行動計画	成否のポイント	月	月	月	月	月

能力は努力の蓄積

目標を設定し、きちんと計画を立て、それを怠ることなく実践していく。そうはいっても「そんなことができるのは、特別で、すぐれた能力がある人だから」と決めつける人がいます。こういう人は、とかく「自分には能力がない」と思い込みがちです。

端的に、能力とは努力の積です。目標や計画に懸命に打ち込むことは誰にでもできることです。何もしないうちから「自分にはできない」と思い込んだり、言い訳を先行させる態度は、実りある人生には無用の長物。繰り返しますが、成功に必要なのは、なぜ、できないのかという理由ではなく、どうすればできるかという前向きの考え方であり真摯な生きざまです。その努力の結果が、やがて自信・誇りとなり、さらなる挑戦意欲を高める起爆剤になります。

目標を実際の行動に移してみても、必ずしも計画どおりにいかない場合があります。思ったように計画が進まないと、あきらめてしまいそうになります。これを事前に防ぐために3ヵ月に1回は目標を見直しましょう。計画は予定どおりに進んでいるのか、進んでいないとしたらどこに問題があるのか、スケジュールに無理はないか、課題は大きすぎないか、自分のやる気が不足しているのか。さまざまな角度から問題点をチェックしてみます。原則的に、最終ゴールには手を加えません。到達時間を延長するだけなら問題はありませんが、到達点そのものに変更を加えると目標自体が散漫になりがちです。

「この2年間で日常英会話をマスターする」という目標を掲げ、会社からの帰宅後、寝る前に勉強しようと計画していたのが、帰宅時間が不規則でうまくいかないことが原因だとすると、朝早めに起きて時間を活用するように変えてみます。もしくは、１日の勉強量や時間を実行可能な範囲に工夫してみる。「５Ｗ２Ｈ」で検討しながら適宜、変更していきましょう。

当初は意欲的に取り組んでいたのに、やる気がなくなってしまったとしたら、計画をもっと細分化してみることをお勧めします。数字を小さくするだけでも、気持ちが楽になります。しかも到達点は同じです。

計画がうまくいかない場合のほとんどが、些細な理由にひっかかっていることが多いものです。少しばかり忙しい日が続いたために、日々やるべきことが溜まってしまった。それなら、最初から「スケジュールどおりにうまくいくものではない」と考え、やり残したことを解消する日を月に2、3日設けておくのもよいでしょう。仕事でも、たとえば月曜日から木曜日までは商談を優先し、金曜日はその週にやり残したこと、事務処理に集中する。なるべく翌週には持ち越さないようにします。あるいは今後の行動予定や顧客開拓を考えてもいいでしょう。

こうしたちょっとした工夫で日常の繁忙さに流されることが減り、自分の仕事を効率的にこなしてメリハリのある1週間を過ごすことができるでしょう。

挫けそうになったときは？

わたしも、過去においては何度も挫けそうになったことがあります。そんなときは、いい意味で他力本願になりました。つねに尊敬する人のポートレートを持ち歩いていたので、彼に向かって呼びかけたのです。

「あなたならこんな場合、どうしますか？」

そして、この人ならどう乗りきるだろう、その人になりきったつもりで気持ちを奮い立たせたものです。

あるときは最寄りの書店に飛び込んで、成功者の本を求めました。不思議なものですが、心から真剣に求めるものは、強く求めたときにこそ得られるものです。いつも必要としているときに、必要としている言葉が目に飛び込んできたことを鮮明におぼえています。

自分で立てた計画がうまくいかないときや、どうしても落ち込んでしまいそうなときは、人生において繰り返し訪れるもの。自分で自分を鼓舞する方法を見つけておいてください。

今日やるべきことをメモする

今日という日は、目標達成の最小単位です。成功者は、つねに重要なことを最優先に行動しています。成すべきことを成すべきときに淡々とおこなっている。

生産性の低い人は、ほとんどがいますぐやらなくてもいいことに精を出しています。こうして、やるべきことをなす貴重な時間を失ってしまう。

いまの行動は、目標達成に役立つことですか？　わたしはいつも、今日やるべきことを書き出し、目標達成に役立つものか検討しています。移動中やちょっとした空き時間に再確認しているのです。タスクの優先順位は、次のように分類しています。

A　きわめて重要

B　重要

C　幾分価値あり

人に任せるものは、名前を記入しておきます。1日を午前・午後・夜に3分割し、いつその予定や行動を実行するのか、(A)から順番をつけていきます。そして、それぞれの予定や行動に費やした時間を必ず記録しておきます。

毎日の終わりには、セルフカウンセリングをして、自分は目標達成に役立つことをしているか自己評価しましょう。

仕事上手は段取り上手

計画とは「将来成すべきことを、いまの時点で決める行為」と定義することができます。デイ・タイマー社の創始者であり、タイムマネジメントのコンサルタントであるロバート・ドーニー氏は「計画に1時間かければ、それを実行するために要する時間を4時間短縮できる」と述べています。

1日は24時間しかありません。時は流れたら帰ってこない。この貴重な時間の中でしか成果を出すことができません。だからこそ、人生には計画性が強く求められている。計画は達成のルートづくりなのですから。

見直し時間を作る

期限内に計画が終了しない場合もあります。あらかじめ週の中日あるいは週末に〝見直しタイム〟を設けておき、軌道修正を習慣とするのです。

あるトップセールスマンは、1週間を水曜日を境に前半と後半に分けて営業活動に臨んでいると言います。この日だけは何もアポイントを入れず、営業戦略の練り直しなどをおこないます。また、前半にできなかった事務処理などもこの日に終わらせてしまうそうです。自分の仕事に、「月火・水・木金」というリズムをもたせることで、1週間の仕事にメリハリをつけるようにしているわけです。そのことで、新たな気持ちで後半に臨むことができると言います。

個人差はありますが、集中力は、いつまでも高揚したまま長く持続させることができません。そのまま続けても、仕事の品質や効率は低下するだけです。

そういうときは、思いきって気分転換しましょう。前述した〝見直しタイム〟は、行動のチェックと反省の時間であると同時に、心身共にリフレッシュする時間でもあります。

誰にでも平等に与えられている時間を有効に使う

1日は誰にとっても24時間。この24時間をどういう価値観に基づいて使ったかによって、私たちの人生の質が決まります。

これまでどういうことに対して時間を費やしてきたのか、その「選択の質」がいまの自分であり、生活であり、人間関係であり、収入であるということです。次に示すのは、わたしの1日を「価値観と基本的欲求の充足」をテーマに分類したものです。あくまでも目安ですが、これを参考に時間の使い方を振り返ってみてください。

- **家族との時**……妻と子どもたちとの時、何事にも代え難い黄金の時、1日約3時間
- **働く時**……自立と自己責任、成功、経済的価値と貢献を生み出す時、1日約8時間~10時間
- **健康づくりの時**……適度な運動、規則正しい食事、1日約2~3時間
- **学びの時**……毎日の読書、移動時のCD学習、その他セミナー参加、耳学問、1日約2時間
- **考える時**……日々計画立案し、実行し、見直しをする計画と準

備の時、1日約1時間

・**眠りの時**……………午前0時〜午前5時55分、1日約5〜6時間

・**楽しみの時**…………個人的くつろぎの時間、1日約1時間

あなた自身がこの1日をどう過ごすか、どんなことにどれだけの時間を費やすか。それは達成に効果的な選択なのか。慎重な考えに基づく行動を最優先にしましょう。

タイムマネジメントのアイデア

ここでは、時間の使い方に関するアイデアをジャンル別に述べていきます。何度も何度も読み返し、貴重な時間を上手に管理していくためのノウハウを身につけてください。

◉時間を有効に使うための33のアイデア

「時は金なり、命なり」これからますます時間が貴重な資源になります。誰にでも平等で、誰もが貯めておくことができない時間を有効に使うためのアイデアをご紹介します。

1 物事をよく見て、正確に捉えて正しく判断

2 即実行

3 考えごとをするときは、手に筆記用具を持つ

4 「素早く考える」ことを定期的に思い出す

5 仕事に取り組むときは、始めにしっかり時間をかける

6 ボーッとする時間を減らす

7 活力を浪費させる原因を突き止める

8 自分が楽しめることを見つけて流れに逆らわない

9 バランスの取れた運動を予定に組み入れる

10 本はよく選んで求め、くだらない本は読まない

11 系統的な読書の習慣を身につける

12 本や新聞などを速く読めるようにする

13 一度に複数のことはやらない

14 空白の時間を作らない

15 つねに筆記用具を身につけ、話し相手には図やグラフで説明する

16 携帯電話やパソコン通信などの活用

17 手紙の下書きにはテープ・レコーダー（口述筆記用）を利用し、手書きをやめる

18 手紙の原稿は秘書に口述筆記させる代わりにテープ・レコーダー（口述筆記用）に録音する

19 通勤時間を短縮するために職場の近くに引っ越すか、家の近くに

仕事を見つける

20 会議のためにほかの地域から2～3名を招集するよりは、電子メールやTV会議を利用する

21 熟知していない事柄を説明する場合には要点を比較しながら説明し、相手の理解を得る

22 優先順位を決めて仕事をする

23 会議やアポイントの時間は守る

24 義理で付き合う飲み会には参加しない

25 長電話はしない

26 電話での用件は溜めておき、タイミングを見計らって電話を掛け、一度に済ませる

27 秘書がいる場合には、掛かってくる電話や突然の訪問客の選別をしてもらった上で対応する

28 訪問客の腰が重い場合には、同僚や秘書に「次の予定が始まる」とか「急用が入った」とか言ってもらうように、あらかじめ示し合わせておく

29 職務上の仕事と管理上の仕事との間に適度のバランスを取る

30 早寝・早起きの習慣をつける

31 毎晩必要な睡眠を取る。しかし、必要以上には取らない

32 他人の優先順位の高い事柄にも気を配る

33 物事を単純明快にする

◉コミュニケーションの14のアイデア

達成の最も重要な要素は、人間関係であり、その人間関係を支えているのはコミュニケーションです。コミュニケーションについて、職場での交流も含めていくつかのアイデアをご紹介します。

1 伝達事項は正確に伝わるよう責任をもつ
2 効率のよい時間の使い方を他人にも聞く
3 自分の周りにいるすべての人が自信をもてるようにしてあげる
4 自分も自信がもてるように努力する
5 他人の自信を崩すようなことはしない
6 他人が怖じけづくような態度はとらない
7 好ましくないことをやっている人には穏やかに説明してやめさせる
8 部下は上司の信頼を得るようにする
9 みんなの生産性が向上するように動機付ける
10 他人に煩わされない自分のための自由時間を増やす
11 できるだけ組織の下部でも結論を下せるようにする

12　ただ問題を持ち込んでくる代わりに問題の解決策を用意できるような部下を育てる

13　次の質問を自問自答しながら、自分の仕事を分析してみる
（a）自分はもちろんのことほかの人でも、やる必要のないことをしていないか？
（b）ほかの人ができることをしていないか？

14　部下に仕事を任せるときは、最初に相手がよく理解できるように説明する

◉上手な会議のための8つのアイデア

会議はビジネス情報の交換の場であり、組織的秩序に則った問題解決の場であり、全員の同意を得る意思決定の場であり、新たな創意工夫や切磋琢磨の確認の場です。ビジネスにおいて重要な会議を上手におこな

うためのアイデアをご紹介します。

1 時間を節約するために簡単な打ち合わせは立ったままおこなう

2 会議の準備に時間をかけ、会議は早く終わらせる

3 会議の出席者は必要最低限にする

4 会議の開会も閉会も時間を厳守する

5 定例会議を廃止した場合、何か支障が出るか考えてみる

6 どんな会議でもあらかじめ議題を明確にする

7 会議の議題は焦点を絞り、参加者に確認しておく

8 会議に出席していて時間の無駄だと感じたら会議のリーダーに対し「これ以上自分が会議に出席し続ける必要がありますか?」と尋ねてみる

◉オフィスワーク5つのアイデア

仕事には段取りがあります。商談や部内での打ち合わせにどんな資料を揃える必要があるのか。そのデータはどこから入手し、またいつまでに準備を終えればいいのか。また、いま必要ではないデータや資料をどう保管しておけばいいのか。常日頃の整理整頓が、安心感をもたらします。

1 自分の周辺はつねに整理整頓する

2 書類は重要度に応じ、A、B、Cのランクで分類する

3 退社するときには必ず机の上を片付ける

4 机の周りには仕事に必要なもの以外は置かない

5 できるかぎり、書類の内容を一度に処理する

◉デイリープランの7つのアイデア

1日を一生と同様の価値があるとして生き抜くことが、達成の秘訣です。「千里の道も1歩から」というように、人生の長い道のりは、1歩を積み重ねていくもの。ともかく毎朝30分の計画のための時間を取り、毎夜30分の反省の時間をもつことが肝要です。

1 毎日、系統立てて予定を組めるように時間を取る

2 毎日、「今日やるべきこと」欄に書き入れた1日の活動予定に優先順位をつける（優先順位をつけるためのチェックリストを参考にする）

3 計画、記録、前後の参考のために手帳を完全に使いこなす

4 「1日の活動リスト」を記入するときは、具体的な記述を心がける

5 慰めの言葉、友人・知人、景勝地、読みたい本、活動、身体によ

くないことがわかっていながらつい手が出てしまう食べ物リストを作成しておく

6 安逸な状態から抜け出すために毎日少なくとも3つのことをする

7 日常、人に会ったら「何かお手伝いできることはありませんか?」と尋ねて自発的に目標を求める

◉長期計画の11のアイデア

長期計画は、往々にして忘れてしまったり、時間があると思っておざなりになって計画が延び延びになってしまうことがあります。そうしたことを回避するために長期計画における11のアイデアを紹介します。

1 予定を決めて、自己の人生理念を書き出し、推敲して、優先順位をつける。自分の行動を人生理念に照らしてチェックする

2 あらかじめ決められた期間毎に会社及び事業部の使命と目標を吟味する

3 予定を決めて、会社に対する個人の目標を書き出し、推敲して、優先順位をつける

4 自分なりに目標達成の度合いを計るための基準を作り、その基準に照らして最高の結果が得られるように目標の見直しをする

5 書き出した長期目標の内容を見直して、できるだけ具体的かつ目標達成の度合いが計れるような表現にする

6 考えの及ぶできるだけ遠い将来に対して長期の目標を立てる

7 社会生活、趣味・精神生活、経済、家庭・仕事、能力開発、健康等の見地からバランスの取れた人生の目標を書き出し、推敲して、優先順位をつける

8 「自分で考えた人生の目標は必ず実現するべき」とつねに自分に

問いかける

9 長期目標に連なる月間及び週間の目標を決め、さらに両方の目標に連なる毎日の活動リストを用意して目標の設定に一貫性をもたせる

10 1日24時間の中で自分の活動がバランスの取れたものになっているかどうか定期的にチェックしてみる

11 時には社会生活上、趣味・精神生活上、経済上、家庭・仕事上、健康上で自分の生存に最も脅威を与えるものは何かを考えてみる

日常生活上のアイデア

やるべきことがわかっていても、なかなか実行に移せないものです。

しかし、あるようでないのが時間です。空気は、いつもあるのが当然だ

と思っていますが、なくなると瞬時に命にかかわる重大事になってしまいます。時間の効率的な使い方は日常生活の見直しからも効果があります。

◉引き延ばしをなくす15のアイデア

1 活動目標に期限を設ける

2 「今日なすべきこと」の欄に書き込まれた活動項目に、優先順位をつける

3 優先順位にしたがって仕事をする

4 最優先事項は必ずその日に実行する

5 最優先の仕事には邪魔が入らないように手を打つ

6 優先事項が高い仕事が片付くまでは、ほかの仕事に手を出さない

7 第2象限の事柄を優先する習慣を身につける

8 難しい仕事でも重要なことは、まずその仕事に取り組む

9 突発事項が入っても対処できる時間をもっておく

10 その仕事をするのに最もふさわしい時間帯を選び、一気に片付ける

11 難しい仕事はゲームと考えて挑戦してみる

12 ダレてきたと感じたら、中断して気力の回復を待つ

13 計画は忠実に実行する

14 仕事に集中するためには周囲の人の手を借りる

15 静かに過ごせる時間をもつ

◉成果を獲得する／目標達成の３つのアイデア

1 世の中でどんなことをしても変えられないことがあるという事実を受け入れる

2　目標の追求に際しては、新しい習慣を身につけるために、「ウィリアム・ジェームズの4つのルール」を思い出す

（a）目標達成に向けて行動を起こす最初の機会を掴まえる

（b）できるかぎり強力な主導権を発揮し、目標達成に向けて邁進する

（c）目標達成のための活動を毎日おこなうことによって、努力する意欲をつねに持続させる

（d）目標達成に向けて邁進しているときは、例外を認めてはならない

3　目標の追求に際しては、目標の達成を確実なものにしてくれる「アチーブメントテクノロジー」にしたがう

◉時間の節約／瑣末な事柄を除く5つのアイデア

1 時間を無駄にする要因を見つけるため、独自の工夫で時間分析日誌をつける

2 依頼された事柄が重要でない場合は、「ノー」と言って断る

3 時間分析日誌を使って、慣行となっている日常業務で省くことのできるものはないか分析し、特定する

4 社交のための時間を減らす。問題の発見、その分析と検討のために時間分析日誌を使う

5 テレビを見るときは、ほんとうに見る価値のある番組だけにする

ちょっとした時間も有効に使う工夫を

どんなに忙しい毎日が続いても、起床から出かけるまで、通勤時間、仕事と仕事の合い間、仕事と食事の合い間、帰宅から就寝までのあいだ

には、ニッチタイム（すき間の時間）が点在しています。

ストレスや疲労回復だと思って、この時間をただボーッとして過ごしてしまう人もたくさんいます。しかし、こういった細ぎれの時間は、合計して1日に1時間くらいになると言われています。1年にすれば、365時間、およそ15日分に相当するのです。目標達成のために、この時間を活用できないか考えてみましょう。

スクラップとして溜めておいた新聞記事を読み返す。企画や自己啓発に役立つものが見つかるかもしれません。疎遠になっていた友人に電話すると、ひょんなことから新しいビジネスチャンスが創出されるかもしれません。これまでにもらった名刺を見直してみると、いまのプロジェクトで何か新たな提案をしてくれそうな専門家を再発見する場合もあります。

これまで細ぎれと思っていたわずかな時間は、活用の仕方によっては人生やビジネスの宝庫となり得ます。

そこまで時間にこだわっていたら窮屈だという人もいるでしょう。ただし、それは時間に自分の行動がコントロールされているからそう感じるのです。時間管理に巧みな人は、毎日の行動を限られた時間軸の中に配分していくすべを心得ています。希望や楽しみを期待することはあっても、苦痛は感じないのです。

もちろん、頭を空にして思いにふける時間が必要な局面も多々ありますから、毎日の生活と照らし合わせながら、使い方を考えていくことが肝要です。

また、何かひとつのことに集中する時間をもつことと、いくつかの事柄を並行してこなすというふうに分けるのも、ひとつの処世術だといえます。

前者は干渉されないので、重要な仕事を処理するときに能率も上がります。誰よりも早く会社に行って、他人にも電話にも邪魔されない時間にその日の重要な仕事を片付けてしまう人もいます。

一方、通勤電車で本や新聞を読む、車を運転しながら自己啓発のＣＤを聞くなど、同時並行して物事を進めるのも上手な時間のやりくりです。トイレにいるとき、お風呂に入っているときなども利用できそうです。

時間は誰にとっても有限ですが、捻出しようと思えばいくらでも捻出できます。自分の行動を、そして時間の使い方をもう一度見直してみてください。

第6章

信念の力

現実を肯定するところからすべてが始まる

ほとんどの人が、「自分はこの程度の人間なのだ」という自己評価を前提にして、他人と接したり、行動をとっています。自己評価の高い人は、自分を好意的に見て、プラスになる人と積極的に付き合おうとします。自己評価が低いと、自分は役に立たない人間なのではないかといつも不安になり、控えめで自分を抑圧するため、深層心理では自分を嫌悪してしまう傾向があります。人は、各々の自己評価に基づいて考え、行動する習性があるのです。

自分を低く評価している人は当然、自信がありません。消極的で達成感も味わいにくく、周りの影響も受けやすいのです。一方、自分を過大評価しても、自分勝手なうぬぼれで墓穴を掘ってしまいます。

達成をめざすならば、ありのままの自分を知り、冷静かつ客観的に自己評価することが不可欠です。その上で「自分はこうなりたい」という理想を想定します。

孫子の兵法に、「敵を知り、己を知れば、百戦危うからず」とありますが、まずは、スタート地点とゴール地点を明確にすることが事前準備です。「敵」とはゴールであり、「己」がいまの自分です。

すべては、現実を肯定するところから始まります。では、客観的で正しい自己評価はどうしたらできるでしょうか？　自分の能力や経験を金銭的価値に置き換えてみるとよくわかります。

「エンプロイアビリティ（雇われる能力）」という言葉が使われますが、知識・スキル・経験に加えて、適応し、すぐに成果を出せる力を合わせて市場価値を判断する指標です。

ある塾の経営者から聞いた話ですが、講師を採用するとき、面接で「自分はこういう能力や実力があるから、これだけの賃金がほしいと自己申告してほしい」と必ず言うそうです。ほとんどの応募者が自分の資格や経験を十分に考慮して、納得できる額を申告してくるということでした。

私たちは、自分の能力・実力の対価をきちんと弁えています。労働対価で自己評価すると、どうしてもシビアに考えざるをえないか

■あなたの時間当たりの生産性はどれくらいか

あなたの年収	…	……………万円
年間労働日数	…	……………日（月に……日休み）
日給	…	年収÷労働日数
	＝	日給……………円
時給	…	日給÷実質労働……時間
	＝	時給……………円

給料の……倍の付加価値を目指す。

→時給……………円×……………倍＝……………円（付加価値）

らです。もし自己評価が、低くても嘆く必要はありません。

いまのあなたが、年俸制でも月給制であっても、自分の能力・実力を時給換算してみてください。時間の概念が変わり、時間をより大切にするようになります。また、自分に足りないものを、どうすれば手に入れられるのかを考えてみましょう。将来、どのくらいの収入を得たいのか。そのためには、いま、何をすべきか。どういう方法と計画でそれを達成するのか。あなたの思考の中に巨万の富があるのです。

他人を正しく評価する

他人を正しく評価し、素直に認めることはなかなか難しい。その理由に次のふたつが挙げられます。

ひとつ目は、表面的なことに惑わされてしまう。生まれ、育ち、学歴、職業、役職、年収など外的要素に左右され、本質を見抜くことができない。実際、大きな声で自信たっぷりに話をする人、いつも忙しそうにしている人、目立つ行動をする人、こういう人たちが周りにいると、「有能なんだ」とついつい過大評価を与えがちです。確かにその評価に値する人もいますが、計画性もなく、ただバタバタと無用に時間を浪費しているだけなのかもしれません。その反対に、目立たずとも深い洞察力や知識をもち、多くの人望を集めて大きな仕事をしている人がいます。人を信じないでいつも疑うということではなく、評価を急がず、じっくりと人物洞察ができる視点をもちたいものです。

ふたつ目は、「ほかの人を認めることは自分を否定してしまう」という心理状態から生まれる弊害です。誰かが「彼はよく勉強してるね」と言っても、認めようとしないばかりか、ちょっとした欠点や失敗を羅列する。じつは、自信がなく、保身だけを考え、自分には甘いのに他人には厳しく、決して他人を認めたくないのです。ひどくなると、何かにつけて他人を悪く言い、足を引っぱることでのし上がろうとします。真摯かつ平等に長所や努力を素直に賞賛する。感謝すべきところは真心をもって感謝する。そういう謙虚な心構えが、真の成功には求められていきます。

認めることの大切さ

成功者は、人の評価が巧みです。じつにさりげなく、相手の良さを見つけて認めることができます。人は認められることで、この人のためにもっと向上しよう、もっと生産性を上げようと思うものです。

人間は認められることで鼓舞され、「さらにこの人の期待に応えたい」と強く思い、やってみようという気になります。それが、つらいことでもやり遂げようとするパワーが溢れ出てくるのです。

人を正しく評価でき、賞賛できる人は、気働きができる人だと言えます。また、人を正しく評価すれば、自分自身も向上していくことができるのです。気づく力が長けていて、何事も肯定的に受け止められるので自分自身も肯定的に受け止められ、高いセルフイメージで前向きな人生を送ることができるのです。

顕在化できる能力だけが評価できる

「実力を発揮したいところでなかなか使ってもらえない」「自分の能力を正当に評価してもらえていない」と悩んでいる人がたくさんいます。

人は、無限の力をもっていますが、顕在化した能力（表面化した実績）でなければ、どんなに能力を秘めていても評価されません。嘆くよりも、自分の能力を引き出す方法を見つけ、さらにそれを研磨していくことに全力を注ぎましょう。だから、自己啓発や能力開発は必要なのです。

自分の能力を引き出すには、自己深化型と自己拡張型のふたつの自己啓発方法があります。

自己深化型は、ひとつのテーマをより専門的に、深めていく方法です。自己拡張型は、多角的に視野を広げ、それぞれの分野で必要とされる知識・技能などを磨いていくやり方です。

前者はスペシャリスト指向で、より専門的な知識・技能を究め、その道では誰にも負けないという専門職としてのプロフェッショナルをめざすものです。後者は、会社で言えば、経営全般の知識・技能を発揮するゼネラリストタイプです。

どちらをめざすかは、人それぞれですが、基本は、自分が興味をもっている分野、真っ先にやりたいと思うもの、やるべきだと考えるものにフォーカスすることです。最初は、ささいなこと、ちょっとした関心や興味のあることでかまいません。楽しみながら始め、やり続けてみることです。やがて、かけがえのない知的財産となります。

どんな非現実的な行動も、自分にとっては最善である

反面教師という言葉があります。他人の愚かな行動を見て、なぜそんなことをするのだろう、自分ならあそこまではしないと思う。しかし、それが自分のこととなると、いつも冷静に対応できるとはかぎりません。

猛暑だった夏のある日、1人のビジネスマンが難航していた大口の契約をまとめ、意気揚々と会社に報告を入れました。上司は喜び、もう少

し頑張れば昇進と昇給を保証するとまで言ってくれました。

心からやり遂げた達成感を、キンキンに冷やしたビールでも飲みながら家族団らんで話したいと考え、彼はその場で「今日は早く帰れるから、ビールを冷やしておいて。キンキンにしておいてくれよ」と奥さんに電話をして、残務を終えると定時に会社をあとにしました。

「ただいま！」勢いよく玄関に上がり、ビールを思い浮かべながら、まずは汗を流そうと風呂に入ります。心身共にサッパリしてお楽しみを味わおうと冷蔵庫を開けると……。ビールが入っていません。「おい！ビールはどうした？」思わず怒鳴ったように問い詰めました。すると、奥さんは「あっ、ごめんなさい。冷やそうとは思っていたのだけれど、夕飯の支度と子どもの世話でつい忘れてしまって……。すぐに冷えたのを買ってくるわ」と素直に言いました。彼は「もういい、外で飲んでくる」と怒って出て行ってしまいました。

彼が当然のように実現できると「期待していた願望」と「待ち受けた現実」との〝ギャップ〟が大きなフラストレーションとなり、そのときにできる最善の行動が怒鳴ることだったのです。

怒鳴らなければ感情のバランスを取ることができなかった。感情を爆発させることで自分の欲求を満たし、一端は平静ないつもの自分に戻ろうとしたのです。しかし、奥さんの〝言い訳〟を聞いて、やはり自分の欲求が満たされていないことを再認識するわけです。

つまり、彼は、奥さんには自分の言うことを優先的に守ってほしい、自分を大切に扱ってもらいたいという欲求を抱いていました。ところが、「忙しかったから忘れてしまった」という弁解を聞いて、やはり力の欲求が満たされなかったことを改めて認識し、崩れたバランスを取り戻すために、出かけるという行動を選択したわけです。これはすべて無意識なおこないです。

私たち人間は、ギャップを感じたとき、そのときの自分の欲求を満たすためだけの行動を選択してしまう習性をもっています。そのときはそれしか最善の方法が見当たらなくなってしまうのです。

期待したことと違う結果が提示されても、現実を直視し、冷静に策を講じるよう心がけるのが、無益な対立だけでなく、より良好で円滑な人間関係を築いていくことにつながります。

職場でも、上司の怒る理由が、部下が思惑どおりに動いていないことなら再考すべきです。部下も単なる指示待ちタイプになっていないか、上司の求めるものに効果的な行動ができているのかもう一度よく考えてみるべきです。

ある失敗から、さらに大きな失敗が生まれるようなときも同じです。

原因を冷静に紐解いていきながら、自己評価してみると、同じことを繰り返さないようになっていきます。

自分の願望はつねに口にする

願望は、強く願えば願うほど、考えも行動もそれを実現させるべく方向付けられます。紙に書き出し、必ず口にすることをお勧めします。その成功事例をふたつご紹介しましょう。

まずは、あるメーカーに勤務する女性の話ですが、彼女は入社試験のときから宣伝部を希望していました。ところが配属は秘書室。繊細な気配り力が評価されての人事部による判断でした。それでも与えられた仕事をテキパキとこなし、役員にも同僚にも高く評価される秘書としてポジションを確立していきました。ただ、彼女はどんなに高い評価を受けても、初心を忘れることがなかったのです。

そのことを証明するかのように、日ごろから同僚や先輩、そして担当の役員にも「いつかは宣伝部で頑張りたい」と自分の意欲や希望を口にしていました。定期的におこなわれる人事ローテーションの面接でも「宣伝の仕事をしたい」と言い続けました。

希望部署を第3志望まで書くアンケートでは、彼女は第1から第3志望まですべてを、宣伝部と記入するほどでした。秘書室での仕事振りから宣伝部でも十分な活躍をすることは、誰の目にも明らかで、春の人事異動で念願の宣伝部配属の辞令を受けることができたのです。

もう1人は、事務機器の販売会社に転職した20代の男性です。彼は営業として月間売上目標を５００万円に設定しました。自分の目標を紙に書いて部屋の壁に貼り、朝出かける前に必ず声に出して読み上げたのです。手帳にも書き込んで、通勤中や移動中に「今日の目標、今週の目標、今月の目標」の3つのレベルで目標を確認しました。同時に、それを達成するために訪問すべき顧客はどこにいるのか、商談の順番に優先順位をつけていきました。

会社の席にも、もちろん自分の目標を記した紙が貼ってあります。とにかく、暇さえあれば自分の目標とその達成度合いを目で確認し続けたのです。帰宅しても、目標を声に出して読み上げ、夜寝る前にも、もう一度読みます。

転職後3ヵ月目にして、500万円の目標を達成できました。「紙に書いたからといって、すべてがうまくいくとはかぎりません。商談には断られることがつきものです」と彼は語ります。心理的にどんな克服法があるのか教えてもらうと「単純にネクストワンしかありません」と返ってきました。断られたことにくよくよするのではなく、次の可能性をすばやく探るようにしているとのことでした。すると、どんどんアイデアが湧いてくるし、いま集中すべきことが鮮明になるというのです。

実現のきっかけ

チェーンスモーカーを公言してはばからなかった男性が、じつはタバコをやめたいと「ずっと思っていた」と言いました。しかし、なかなか禁煙できず、惰性で吸っているそうです。半日も経つとイライラして「ストレスが溜まるなら、吸ったほうがいい」と吸ってしまうと言います。

度重なる禁煙の失敗に、彼は自分の意志の弱さをつくづく感じていました。そんなことを繰り返していたある日、ピタッと吸わなくなったというのです。しかも「これからどんなことがあっても絶対に吸わない」

と断言までするのです。

きっかけは、タバコで汚れ、ガンに侵された肺の生々しい写真を見たことだったと言います。そういう写真は、これまで何度か見たことがあったそうですが、禁煙しようなどという気持ちは露ほども湧かなかった。ところが、今回はやめたいと思っているさなかに見たためか、非常に衝撃的だったそうです。その場でポケットからタバコを取り出し、近くにあったごみ箱に投げ捨てたと述べていました。

あなたが愛煙家であれば、写真を見ただけで簡単にやめられるはずがないと、疑問に感じるかもしれません。しかし、彼がたった1枚の写真だけで禁煙できたことは事実です。なぜなら、彼は何度かの禁煙には失敗しましたが、ずっと禁煙を思い続け、「やめたい」という願望が精神的に飽和状態になったときに写真を見たため、その動機が脳裏に鮮烈に焼きつけられたのです。

彼は、「禁煙したい」、しかしそれが「できないから意思が弱い」というふたつの考えをもっていました。それをたった1枚の写真によって不可能思考を一掃することができた。つまり、一見弱々しい願いも、思い続けることで何かのきっかけによって叶うことがあるのです。

信念は実績に比例する

信念とは「人の言う今の心」と書きます。〃人〃とは自分であり、〃言う今の心〃とは自分の言行（口に出すことと実際の行為）を指します。信念は自分の人生を成功へと導く灯台のようなものです。信念なき人生は、不安に脅えながら暗闇を突っ走る危険性といつも隣り合わせになります。

人生にとって自分の進むべき道を照らす光は、必要不可欠のものです。信念は、外界からもたらされるものではなく、自らの意思によって確立するもの。簡潔に言えば、自分の願望や目標にいつもポジティブで、それが達成されて当然と思い込んでいる状態です。できるできないを考えていたり、不安を抱えながら、絶対に達成すると息巻いていても信念とは言えません。

人は誰でも自分の夢を叶えたいと思っています。その反面、失敗が恐いという心理があります。いわばコインの裏表のようなものです。新たな行動を取ろうとするとき、このふたつの心理が心を揺さぶります。やってみなければ成否はわからないのに、やる前から回避の心理が作用するのは、潜在意識が変わりたくないと思っているからです。

成功する人は、何も達成困難なことに手を出しているわけではありません。いまの自分がやり遂げられること、できて当然の新しいことを確実に実行して、実績を作る。それを元に次の達成レベルを定めていく。つまり、信念は、願いが成就したという実績の量と質に正比例して強くなります。運はどこかよそからやってくるのではありません。あなたの心構えから呼び込まれてくるものなのです。

態度は現実を決定する

業績不振に陥っていたり、失敗して自信を喪失している部下に、「君は大器晩成型の人間だから、将来きっと成功するよ」と上司がいつも口にして、期待をかけ続けると、その部下はやがて成功を収めます。これはピグマリオン効果が働いているからです。

1964年春、サンフランシスコの小学校である実験がおこなわれました。学級担任には、今後数ヵ月で成績が伸びてくる生徒を割り出すための知能テストであると説明しました。しかし、実際のテストにはなんの意味もなく、テスト結果と関係なく無作為に選ばれた児童の名簿を学級担任に見せて、この名簿に記載されている児童が、今後数ヵ月で成績が伸びる子どもたちだと伝えました。その後、学級担任が成績が向上するという期待を込めてその子どもたちを見て、確かに成績が向上していったと言います（Rosenthal, R. & Jacobson, L.: "Pygmalion in the classroom" ,Holt, Rinehart & Winston 1968）。

これは、大人も同じです。誰だってほめられたり、期待されればうれしいもの。「君はきっと成功するよ」と、こんな言葉をかけてくれる上司に恵まれた人は幸せです。もしくは、自分で自分をほめてあげましょう。自分で自分に期待してあげましょう。自分の良い面だけを見てプラスイメージを描くのです。

すると、人生に対する態度が変わっていきます。素直に物事を受け止めることができるようになったり、人の話によく耳を傾けたり、誰にでも笑顔で接するようになります。それは、成功できる好ましい人物としての態度です。

プラスのイメージでセルフコントロールする

2人の男性が、健康のためにタバコをやめたいと思っています。共に1日に60本以上吸うヘビースモーカーです。独りで決意してもなかなかやめられないので、競争することになりました。

まずAさんは、我慢しようと思いながらも吸ってしまうたびに、〝吸った本数〟を表に書き込んでいきました。これに対してBさんは、タバコを吸いたいと思っても我慢して〝吸わなかった本数〟を表に書き込んでいきました。そして、2週間ごとに本数を比較したのです。

すると、AさんよりもBさんのほうが、明らかに吸う本数が減ったのです。

Aさんは、「また吸ってしまった」という自責の念を抱えながら、吸った本数を記録していました。つまり、マイナスの動機付けです。

一方、Bさんは「やったぞ、また我慢できたぞ！」と達成感を味わいながら、我慢できた本数を記録していきました。表の数が増えるのを見ながら、「頑張っているぞ」と自分を鼓舞していたのです。

目標達成には、プラスのイメージでコントロールすると有効です。会社の仕事に当てはめて考えてみると、経費の無駄使いを防ぐときは、使った金額だけを記入していくのではなく、「タクシーに乗るつもりでバスにした」「ひと駅だから歩いた」など理由とその差額も記録していくのです。結果的に、差額分だけ節約できたことが視覚化されます。

また、営業の訪問や商談のアポイントは、断られた件数を意識しがちですが、取れた件数だけを記録していきましょう。もし断られても「次は取れる！」と次のリストに期待して電話することです。100社に断られても、101社目に大きな商談の可能性が待っている。いつも「できる、できる」「できた、できた」と自分を励ましていくのです。よい結果を期待し、できたことだけを記録して見直していけば、やる気も湧いてきます。

自分の可能性を信じる

1日の中でとてもうれしいことがあると、その日はずっと良いことが続くような気になることがあります。逆に嫌なことがあると、続けて悪いことばかりが起こるような気になることもあります。ただ、運気が人を動かすのではありません。いつも、いいことが起こる気でいれば、いいことが起こります。悪いことが起こりそうだと思えば、悪いことが起こります。

わたしがセールスマンになりたてのころ、毎朝アポイントの電話がけで断られることが続くと、ご多分に漏れず嫌な気分を引きずってしまい、その日1日がうまくいきませんでした。自分にはツキがないと嘆いていたのです。

このままではダメだと思い、試行錯誤するなかで、うまくいかなくて嫌な気分になったら、受話器を置いてコーヒーを淹れたり、仲間と話したり、ちょっと身体を動かしてみたりするのです。また、場所や時間を少し変えることもありました。

すると不思議なことに、気分を新たに再度トライすると、気持ちよくアポイントが取れました。さらには「うまくいかないことも、単なる試練にすぎない」と思えるようになって、やがて「今度はうまくいく」と心の中でつぶやくだけで気分転換ができるようになったのです。

楽天的な視点を忘れない

ここでご紹介するのは、広く知られている有名な話です。

ある靴メーカーのビジネスマン2人が、市場開拓調査のためにアフリカのある地域に出張しました。現地に着くやいなや、そこに住む人たちを見てすぐさま2人は次のような報告を会社にしました。

1人は「ここの人はみんな裸足で生活しています。靴が売れる見込みはありません」というものでした。もう1人は「なんと、ここではみんなが裸足で、市場は無限です。大至急、5000足を送ってください」と報告しました。

起きていることをいつも否定的に見てしまう習慣があると、成長や発展は望めません。「だからできない」という理由ばかりを追い求めるからです。

しかし、肯定的な見方ができれば、難問に遭遇しても「どうしたらできるか」「そのために必要なことは」と解決策を見つけようとします。もちろん、現実的なリスクを考えることも必要です。

物の見方・考え方は、人生に対する態度や行動に現れます。成功者は、いつもポジティブで前向きに世の中の動きや物事、ビジネスという人生そのものに臨んでいます。すべからく表情が明るく、行動もいつも積極的です。どんなに悪い状況でも、乗り越える最適なすべを見つけ出し、ビジネスだけでなく、自分の人生そのものを発展させていく。ポジティブな姿勢が、あなたの可能性を飛躍的に広げます。

困難を予測する習慣を身につける

目標を達成しようというとき、障害や困難はつきものです。最初からこれを想定しておけば、受けるダメージは遥かに少なくて済みます。ロックフェラー・ジュニアは、「忍耐と先見性が成功の最大要素である」と述べていますが、「忍耐」とは、小さな目標をクリアしながら、ワンステップずつ地道に最終目標に近づいていく心構えです。

「先見性」とは先を見る目であり、この先どんなことが起こるか予想できる能力です。達成した人は、いまの状況がこれからどう変化し、また将来何が起きるかなど、これまでの経験から予知することができます。

たとえば新規事業を立ち上げようとする場合、弊害となるものはライバル企業の動向も含めて何があるのか、それが実際に生じたらいくらの損害を被るのか。それを回避するためには、どのような対応策が必要となり、人的・金銭的にどれくらいの資源を必要とするのかなど細部までシミュレーションしていきましょう。それがリスクマネジメントです。

材料費の購入費用として計上していた予算が、円高ドル安・円安ドル高などの要因で追加予算が発生するのはどのレートになったときか。そのときの資金は内部留保されているのか、それとも外部から調達するのか。それは、具体的にどの金融機関なのか。これから実行しようとしている事業計画について、「最悪のシナリオ」を含め、ありとあらゆる状況変化を想定して、シミュレーションしましょう。

わたしはスキー検定1級をもっていますが、その中にスラロームという競技があります。何本ものポールの間を猛スピードで滑降し、そのタイムを競うものです。

この競技では、選手がその場その場でポールを見ながら滑る方向を変えていたのでは、スピードも出ませんし、時間をロスするだけです。あらかじめコース全体の地形とポールの位置を記憶し、どの地点ではどういう体重移動で方向を変えて滑っていけばいいのか滑降イメージを描いて競技に臨みます。

これを仕事においても応用してみてはどうでしょうか。ともかく事前に、起こるべき困難や危険を予測し、それを乗りきる方法をイメージしておくのです。

前向きの姿勢をもっていれば、ストレスも溜まらない

大人、子どもに関係なく、現代は誰もがストレスを抱えている時代です。通勤ラッシュ、リストラ、子どもの受験戦争、いじめなどストレスの要因が、身近にたくさんあります。ところが、このストレスを自覚できない人も増えています。

何か新しいことに挑戦しようというとき、少なからずストレスは発生します。ストレスとは一種の緊張感であり、自分が求めているものと現実とのギャップから生まれるものです。

ところで、ストレスには悪いものとよいものとがあります。色々と思い悩んで胃潰瘍になるようなものは悪いストレス。心に負担をかけ、追

い詰めたり意気消沈させ、最悪の場合は、ノイローゼや自律神経失調症などになります。

ある程度の緊張感によって気分が高揚し、意欲的に取り組む動機付けになるのは、よいストレスです。自信があれば、さわやかな緊張感で物事に臨むことができます。

誰にでもストレスはあります。みんな同じように悩んだり苦しんだりしている。そう考えるだけでも心が平穏になってきます。


また、このストレスを乗り越えたところに未来があると主体的に考えられる人は、ストレスに平然としていられるものです。自分がストレスを乗り越えて成功する場面を描き、その先にある未来を思い浮かべることです。できるだけ具体的にイメージすることによって、いま何をしたらいいのかが見えてきます。

スランプは成長の促進剤

プロ野球のホームランダービーで快進撃を続けていた選手が、ある日を境にホームランどころかヒットさえ打てなくなることがあります。私たちも、しばしば「どうもいつもの調子がでない」「最近は何をやってもうまくいかない」など不調が続いてしまうことがあります。

しかしスランプを自覚することは、百害あって一利なし。冷静に原因を見極め、打開策だけを考えるのです。物の見方、やり方を状況に合わせて変化させましょう。この思考法が身についていると、いかなるスランプも、逆境は成長の促進剤と前向きに捉えられるようになっていきます。「夜明け前が一番暗い」「偉大な人というのは、普通の人が立ち止まるときに動き出す普通の人である」という言葉があるとおり、最悪のときこそ前向きな行動を求めましょう。

わたしも「自分の将来に対して、いまは当然の代価を支払っているのだ」「逆境は成功の前奏曲」という自分なりの格言をたくさん作ってきました。ジョギングやストレッチなど身体を動かして「気」の流れを変えてみたり、旅行をして息抜きをしたり、気の合う友達と食事をしてくよくよしないように創意工夫をしました。

何をやってもうまくいかないという状況に陥っても、スランプを脱出した自分を思い浮かべて、前に進む努力を忘れないでください。

勝ち癖をつける

プロの世界は、この仕事をやるべき目的は何か、そのことで自分は何を望んでいるのかを鮮明にして、自分の願望をいかに現実化して結果を出すかです。

願望が弱いと、プロセールスの世界では見込客の開拓もうまくいきません。わたしは訪問先のドアが開かれれば成約のチャンスが訪れるものと思っていました。もちろん、いつもイエスが聞けるわけではありません。それでも「必ずチャンスがある」「絶対に成約してくれる」とお客様を開拓していったのです。

勝ち癖をつけましょう。目標はどんなに小さくてもいい。とにかく達成すること、この連続が自信となり、どんな障害があっても「自分にはできる」と思えるようになる秘訣です。「弾み車の理論」と呼んでいます。自転車をひっくり返して、すごい勢いでペダルを回すと、連動して車輪が回ります。そのうちペダルを回さなくても、車輪は回り続けます。

自信は、小さな達成の積み重ねからのみ生まれるものです。実際はなんの努力もせずに、やみくもに「自分はできる」と思い込むのは、真の自信ではありません。実践することではじめて培われるものです。とりあえず、今日できることを今日やりましょう。

かつてのわたしは、雨の日も風の日も、1日3プレゼンテーションを自分に課してベストを尽くしてきました。それが自分の義務であり責任だと考えていたからです。実践しなければ何事も始まりません。

終　章

自分自身との契約

自分自身との契約書

さて、いよいよ本書の最終章にまでやってきました。成功するには、何が必要か。どういう態度・行動が求められるのか。ここまで読み進んでこられたあなたには、その指針が明確になったと確信しています。

最後にあなたの目標を改めて書き出してみてください。

自分自身との契約書（No.1）

＿＿＿年＿＿＿月＿＿＿日作成

名　前

＿＿＿＿＿＿＿＿＿＿＿＿＿＿＿＿＿＿＿＿

私は“私の目標”に記入した目標を達成するために必要なものはすべて準備し、最善の努力を致します。

………………………………………………………………………………

………………………………………………………………………………

………………………………………………………………………………

………………………………………………………………………………

………………………………………………………………………………

今日から、私は人生においてより多くを成し遂げ、私の中に内在している偉大な資源を開発するための努力をしていくことを誓います。

今日から私は積極的な行動を選択します。今日から私は自分の人生の中でやらなければならないことを行い、安易な道を選ばないことを決意します。私は目標達成に役立つ代価を払います。

私にとって自己実現に役立たない仕事に取り組むことは、単なるきつい仕事に取り組むことより何倍も苦痛だ、ということを知っています。

私は人生のプランは目の前の目標を一つずつ達成することによって完成される、ということを知っています。目標達成の一つひとつが私の輝かしい未来へとつながっているのです。私は“私の目標”に記した目標を達成することにより、私が人生で得たいと思っていることに一歩ずつ近づいていくことを知っています。

私は他人が与えてくれたものや単なる生計を立てるための活動などでは妥協しません。私は自分の人生を変える力を持っています。

自分自身との契約書（No.2）

署　名

私は、自分の将来は自分自身にのみ委ねられているという点を理解し、この契約書に署名します。

私は、目標達成に関して自分自身以外の誰も頼ることはしません。

自分への承認

私は、目標を達成した自分を祝福します。私は再び、自分が行いたいと思っていることは何でも行うことができ、また、なりたい人間になれるという点を証明しました。

人生で手に入れようとしているものが明確であれば、必ずそれを手に入れることができます。

署　名

目標を達成した日

＿＿＿＿年＿＿＿＿月＿＿＿＿日作成

《青木仁志からのメッセージ》

あなたは、目標を達成したことにより、理想の人物像に一歩近づきました。あなたは計画を立て、目標達成できる能力がある、という点を誇りに思って下さい。

あなたは今、大きな目標に一歩近づきました。大きな目標とは、あなたをトップへと導く、小さな目標の積み重ねです。

願望実現に対するコミットメントレベルとは、何が何でも手に入れたい。四六時中、頭の中にありその実現のために全身全霊を傾けるというものである必要があります。目標を書き出し、達成すると自分自身に対して契約をしたら、それを宣言する自己宣言文を唱和しましょう。心の内側から達成の決意が湧き上がってくるでしょう。

自己宣言文

私には、人生の明確な願望、目標を達成する能力がある。

私はいかなる障害があろうとも、必ずこの願望、目標を実現することを私自身に対して誓う。

私は自分の上質世界に貼った明確な願望、目標は必ず実現することを確信している。だから、毎日、私は私のなりたい姿、目標達成の状態を心の中で鮮明に、具体的にイメージする。

私は、私の人生は私自身の上質世界に貼ってあるイメージ写真によって動かされていることを知っている。ゆえに私は私自身のイメージ写真には100%責任を持つことを私自身に対して誓約する。

私は自分の願望、目標をはっきりと紙に書き出した。私はそれを達成するまで、決してあきらめないことを私自身に対して、今ここに誓う。

私は真理と正義を愛する。

私は勤労と責任を重んじる。私は自分の成功は、他の人々への具体的な貢献に比例することを知っている。私は人々を愛し、人々に貢献することを私の使命とする。

私は、憎しみ、嫉妬、利己的な心、怠惰な心、悪意、これらのものをすべて排除し、思いやりと感謝、そして誠実さと愛の心をもって、人々に接する。

私は自分を愛するように隣人を愛する。

そして私は必ず成功する。

私の人生は私の選択の結果である。

私は成功を選択することを、今ここに誓う。


（作詩：青木仁志）

文庫版　新章

達成力を高める定義化

登山でもひとつの山を完登したら、さらに高い山をめざしていく。それを完登するとまた次の山をめざす。隊をつくって世界最高に登り詰めたら、次は単独登頂をめざす。そこができたら、次はいちばんの難関ルートでの完登を目標とする。

目標達成の道のりに終わりはありません。成就、達成をめざし続けるのが私にとっての人生の喜びです。

どこで人生の幕が閉じるかはわかりませんが、最期の一日まで志を遂げようと最善の人生を生きていくでしょう。なぜなら、幸せな成功者の人生を全うしようと思っているからです。

成功は自分から始まり、他の人々への具体的な貢献で完成します。ただ目標を成し遂げればいいのではなく、達成を伴う幸福感こそが人生にとって価値あるものです。なぜなら、人は幸せになるために生きているからです。

当社も10年前と比べたら、毎年成長し、規模も大きくなりました。しかし、現状に安住する発想はありません。世界最高峰の人材教育会社という高い志に向かってめざし続けています。

理想に向かって自分を変革し続けていく。達成すると理想がクリアになって、さらに高い理想を掲げる。それの連続です。理想と現実のギャップはつねに存在します。

もちろん、人間ですからいつかは終わりを迎える。私も72～75歳で体力的なピークがくると思っています。それからは緩やかに下っていく。しかし、そのときには意思を継ぐ者に託していく。その後継者が目標を達成し続けていくと思います。

私自身も選択理論心理学と出会い、ウイリアム・グラッサー博士が2013年に88歳で他界したあとも、普及を続けています。目標達成の歩みは止まることがありません。同じ志をもっている人が受け継いでいくものです。

この本で述べたとおり、能力開発の5段階「知る（レベル1：知識）」「分かる（レベル2：理解）」「行う（レベル3：実践）」「出来る（レベル4：習得）」「分かち合う（レベル5：貢献）」の最後のレベルを実践し、それが人生の目的になっているのです。

目標を達成すると、次の目標が見えなくなってしまうのは目的に生きていないからです。人生の目的は幸せになることですが、私はそれを「自分だけではなく、自分に縁ある人を物心共に豊かな人生に導くこと」と定義しています。その目的に生きているので、目標は通過点にすぎません。

目標達成の技術を世の中に伝えるという事業活動を通して、縁ある人を物心共に豊かな人生に導くという人生を生きているのです。

成功者に定義を学ぶ

このように、私は何事も定義化してそれに従ってきました。「成長とは価値観の肯定的変化である」「能力とは物事を成し遂げる力である」「成功とは目標を達成することである」ほかにもたくさんの定義があります。

葛藤しながらも肯定的なモノの見方ができるように意識し、職業で卓越するために達成をめざし続けて能力を高めてきました。その際に、何が自分の人生にとって価値があるものかを定義化し、それに従って自分の行動を選択してきました。

デール・カーネギー、ナポレオン・ヒル、松下幸之助氏など、成功者・偉人と言われる人たちはそれぞれ独自の定義をもっています。先人たちから多くの定義を学び、人生に取り入れてきました。

グラッサー博士は5つの基本的欲求が満たされた状態が幸せであると定義しています。心身ともに健康で、愛に満たされ、職業で卓越して多くの人に必要とされて役に立っている。精神的にも経済的にも一切の不自由から解放されている。人生を楽しんでいる状態。グラッサー博士の定義に従って、それらが満たされる毎日を送れるように今日まで生きてきました。

もちろん、そんなことは自分の人生にとっては関係ない。別に望んでいるものではないと言う人もいるかもしれません。

しかし、選択理論心理学では5つの基本的欲求は遺伝子からきていると述べられています。それは仮説でしかありませんが、私にとっては有益で、納得いくロジックであるため、普遍的なものだと考えています。そして、5つの基本的欲求を満たせるように取り組み、今では満たされた状態から抜けられなくなりました。


このように自分にとって望ましい状態を生きている人から定義を学び、使うことは誰にとっても有益だと思います。ただ、その定義が理にかなっていないと成功の原理原則からは外れてしまいます。

たとえば、「成功とはなんの制約もなく、自分がしたいことを好きなだけすることだ」と定義すれば、ほかの人を騙したり、傷つけても平気な顔をして生きようとするかもしれません。それは独りよがりの定義です。私は長期的・客観的・本質的に見て、誰もが納得できるような定義を追求してきました。

人それぞれがもつ価値観の中にあるものが願望です。願望とは自分にとってよいもの、望ましいものです。その願望の質が人生の豊かさを決めます。

たとえば、社員やその家族の幸せを顧みず、会社が儲かりさえすればいいと考えている経営者がいるとします。厳しいノルマを設定して、未達の社員には半ば強制的にサービス残業をさせているとしたら、長期的に見て労働問題が出てくる可能性が高いです。それは会社にとっての不利益です。

人の判断軸の元には価値観があります。そして、どのような価値観をもっているかによって、その人の判断が効果的か効果的ではないかが分かれてしまうのです。

「もっとも大切にしている価値観は何か?」を自分自身に問いかけましょう。私はこの質問に対して新約聖書に収められた「マタイによる福音書」7章12節の一節が思い浮かびました。

「何事でも人々からしてほしいと望むとおりのことを、他の人々にもそのようにせよ」

この言葉を土台に生きていけば、自分にとっても周りにとっても望ましい状態を作ることができる。そう考えて、「愛」「誠実」「感謝」を人生理念とし、貫いていこうと決めました。

もちろん、聖人君子ではないので、そのとおりに生きようと思っても葛藤することもあります。ただ、自分の上には目に見えない偉大なる存在があって、その人の命令に従おうと生きているのです。天がそうしなさいと命じるから「はい」と従っているという感じです。健全な畏れがあるから、貫こうというこだわりも強くなります。

これまで5000人ほどの経営者を見てきたなかで、長年苦労をかけた配偶者を顧みず愛人を作ったり、社員への感謝が足りなかったり、誠実や感謝と言葉にはしても、その行動は驕り高ぶっている人も少なからずいました。

ですから、師や巨いなる存在をもつことは誰でも有益だと思います。

価値観から人生が作られる

人生は他人と協調して作り上げられていくものです。他人に合わせることも必要です。しかし、人生理念については、長期的・本質的・客観的に見て自分なりに考え抜いて出した結論であれば、あまり他人の意見にフォーカスしすぎないほうがいいでしょう。なぜなら、あらゆる物事の判断基準になるからです。

よい価値観を人生の土台に置いているかぎりはよい人生を送ることができます。他人や世間の価値観に迎合したり、合わせることが必ずしもその人にとってよい人生になるとは限りません。

たとえば、私は願掛けのために断酒するということをこれまで何度もしてきました。妻が第二子を妊娠した瞬間にピタッとお酒をやめて、出産するまで一滴も飲まないと決めたのです。お酒を飲む場であっても「今、願を掛けてるからお酒は飲まないんだ」と断ってきた人生です。

周りは一瞬、「なんだ、酒宴の席なんだから、今日くらい解禁しろよ」などと言ってきますが、家族のためにも自分の望む人生のためにも、決めたことを守り通そうとしてきました。

そうすると、自分に暗示がかかるのです。そこまでして自分は願っているど。実際に息子は首にへその緒が巻かれた状態で生まれてきました。ひとつ間違っていたら酸欠になっていたかもしれない。そんなときに「念が通じたな」と思うのです。「願掛けして果たした」という経験を積んでいくと、身近な人を幸せにすることで自分が決めたことを貫けば望みが叶うと、どんどん強固なものになっていきます。

限られた資源で満たされた人生を生きる

人生の目的は幸せになることです。願掛けしたり、理念を定めて達成をめざさなくても、いまの限られた資源でいかに満たされた人生を生きるかを考えているという人もいるでしょう。私もそうです。限られた資源の枠組みを拡張し続けようとしているだけで、いまの与えられた資源を最大限に生かす方法を毎日模索しています。

そのための思考管理・行動管理の技術は万人が学ぶ価値のあるものだと思い、事業として伝えてきました。そこでご縁のできた人たちを幸せに導くために貢献の輪が大きくなって、結果として何回開催、何万人受講という足跡が残りました。これからも年々増えていくでしょう。それらはすべて通過点です。

もし、自分は貢献の輪なんて大きくしたくないという人がいれば、それはそれでいいと思います。人は一人ひとり、その人の人生に責任をもって生きています。

私自身は目標達成する生き方をしてきました。成功を望む人、今よりよりよい人生を送りたい人には、こうしたらもっと充実します。自己実現の人生を送ることができますという技術を、選択理論心理学をベースに提供しているだけです。

私にとって成長とは価値観の肯定的な変化です。その結果、できなかったことができるようになります。去年よりも今年、今年よりも来年、年々、人の役に立てる人間になっていきます。人の役に立ちたいか立ちたくないかは人それぞれの考え方もあるでしょう。でも、今よりもさらによいモノの見方になるというのは万人に通じる成長のひとつであると思います。

たとえば、私はゴルフでミスショットをしても「バンカーに守られたなぁ。もう少し左へ行ってたらＯＢになってた。バンカーに感謝！」と、ことごとく物事を肯定的に解釈する癖がついています。そのほうが気分よく生きられますし、周りにも有益だと処世術で身につけました。

「人は流した涙の分だけ、人にやさしくなれる」と中小企業研究の権威の坂本光司先生は仰っていました。その人の人間力というものは感謝力に現れるものだと思います。私は配偶者、子ども、引いてはペットの柴犬２頭にも感謝をしています。彼らのおかげで毎日散歩に行く意欲が生まれ、それが自分の健康維持にどれだけいい影響をもたらしているかわからない。

自分が今あるのは多くの人のおかげであること。今が当たり前ではないことに気づくこと。それは「私は何を求めているか？」から始まります。「私にとっていちばん大切なものは何か？」「私にとって望ましい人生とは何か？」。主語はすべて私です。

それが感謝に気づくことで、「配偶者は何を求めているのか?」「上司は何を求めているのか?」「協力会社の人たちは何を求めているのか?」「お客様は何を求めているのか?」と視野が広がっていきます。人様のおかげで自分の今があると思えるのです。

肯定的な価値観を身につけたければ、主語を「私」から「私以外の縁ある人」に変えましょう。そして、本書で紹介してきた思考管理・行動管理の方法を駆使して、貢献の人生を生きてもらいたいと思います。あなたの価値観を定義して、目標達成の毎日を送ることを願っています。

おわりに

あなたは何を求めていますか？

この質問をしたとき、多くの人が「幸せ」と答えます。
では、あなたにとっての幸せとはなんですか？

「自分を愛するようにあなたの隣人を愛しなさい」と言われるように、人と人との関わりを心から大切にし、自分自身を人間的に成長させていきましょう。

真の達成の先には、愛に満ち溢れた人生があります。自分を愛し、自分を幸せにすることで他人も幸せにする。自己中心的に生きるのではなく、家庭や会社、地域にも積極的に貢献し、周りから必要とされる人間になること。相手の望みを叶えることを自分の望みとする。

うまくいっている人にはうまくいっている合理性があります。成功という言葉を聞いたとき、多くの人はお金を求めますが、真に豊かな人は、富ではなく、価値の創出に重きを置き、真摯に貢献しようとします。

育った環境や学歴、資格は全く関係ありません。自分の意思で自身の根底にある価値観と、自らが描くイメージが、あなたの人生を創っていくのです。つねに誠実であれ、正直であれ。

熱烈に描いたイメージを目標に置き換え、目標達成のための実践技術を身につけ、実績を重ねながら1歩ずつ前進してください。ブレることがあってもかまいません。何度でも目的に立ち返り、肯定的なイメージを持ちましょう。本書には、そのための方法論をできるだけわかりやすく解説しました。繰り返し読んで実践いただければ、必ずあなたは「なりたい自分」に近づいていきます。

あなたはなんのために、誰のために、なぜ成功しなければならないのですか？

目標達成とは自分自身のためだけではありません。大切な人のため、社会のために、あなたはやり遂げなければならないのです。

青木仁志

今年の最重点目標
能力開発を重点的におこない、真のプロフェッショナルセールスパーソンに

今年の目標			
1	能力開発1　営業スキルの向上	4	ホームページ開設
2	能力開発2　スピーチ能力、プレゼン能力の向上	5	健康（ジョギング旅行）
3	CFP（国際ライセンス）受験（2013年合格）	6	

9　月	10　月	11　月	12　月	1　月	2　月	3　月	達成による成果のイメージ
契約○○件 売上○○万円 新規マーケット強化	契約○○件 売上○○万円 コンテスト準備	契約○○件 売上○○万円 パワーパートナープランの推進 年末コンテスト	契約○○件 売上○○万円	契約○○件 売上○○万円 法人向けの来年度提案強化	契約○○件 売上○○万円	契約○○件 売上○○万円 年度末新年度対策関連	プロフェッショナルセールスパーソンとしての充実感と自己実現感を得ている
	ゴルフの会	年賀状作成 見直し	忘年会	ベースマーケットにコンテストのお礼 新年会			人間関係の悩みから解放され、すばらしい人的ネットワークを構築している
							プロとしての理想形を追うことにより、価値ある目的と理想に生きる人生を得ている
継続的な治療				温泉			皆で取り組むことで愛情に恵まれた豊かな人間関係を得ている 娘の成長を見て、心の平安を得ている
	歯の治療 体重67kgに		歯の治療		歯の治療	体重66kgに	疲れを知らない強靭な肉体とバイタリティをキープすることで、心身ともに健康で活力がみなぎっている
貯蓄 ○○万円	貯蓄 ○○万円	貯蓄 ○○万円	貯蓄 ○○万円	貯蓄 ○○万円	貯蓄 ○○万円	貯蓄 ○○万円	出費と貯蓄をコントロールすることによって、人生のライフデザインのもとに経済的基盤を確立している
	開設・運営			見直し			最新の情報を得ることにより、自己概念を高く保てる

年間行動計画表（記入例・セールスパーソンの一例）

年　　月　　日作成

行動計画	成否のポイント	4　月	5　月	6　月	7　月	8　月
1. 年収1000万円の達成	夏／年末のコンテスト入賞 週3件の契約を絶やさない パワーパートナーによる売り上げの上がる仕組みづくり	契約○○件 売上○○万円 顧客管理の仕組みづくり→	契約○○件 売上○○万円	契約○○件 売上○○万円 サマーコンテスト準備	契約○○件 売上○○万円 サマーコンテスト入賞	契約○○件 売上○○万円 ベースマーケット中心に
2. パワーパートナーへの貢献	顧客管理の仕組みづくりと実践	仕組みづくりと顧客データの整理→		サマーコンテスト準備	仕組みづくりと顧客データの整理→	ベースマーケットにコンテストのお礼
3. 営業スキルの向上・CFP受験（1年間の受験勉強を継続断行）	時間管理（ファイナンシャルプランニング、リスクマネジメントの勉強）	受験勉強→				
4. 娘のアトピーの治療のため、家族で一致して取り組む	夏の宮古島（10日間） その他アトピーによい情報等を集める 継続的な治療	→				宮古島→
5. 健康生活（ジョギングを季節に関係なく定期的に励行	自己管理 歯の治療への継続的取り組み	ジョギング→ 歯の治療 体重70kg（現在）		体重68kgに		歯の治療 体重68kgを維持
6. 新居新築のための資金づくり 年間100万円貯蓄	ファイナンシャルマネジメントシートを参考にして、お金の使い方にも優先順位をつける イベント（宮古島、歯の治療などの出費に対する先行管理）	貯蓄 ○○万円 宮古島の資金○○万円→	貯蓄 ○○万円	貯蓄 ○○万円	貯蓄 ○○万円	貯蓄 ○○万円
7. ホームページを開設する	ホームページ開設関連の情報を集める	情報収集→				開設準備

中・長期の最重点目標
向こう10年で名実共に業界トップ1%のプロフェッショナル生保営業に!

中・長期の目標			
1	プロの生保営業としての能力開発	4	妻のホビークラフトショップの開設
2	ファイナンシャルプランナーとしての国際ライセンス取得	5	健康・快適生活
3	3階建て住宅の新築	6	環境活動(環境クラブ設立)ホームページ開設

2016年	2017年	2018年	2019年	2020年	2021年	達成による成果のイメージ
34歳	35歳	36歳	37歳	38歳	39歳	
32歳	33歳	34歳	35歳	36歳	37歳	
8歳	9歳	10歳	11歳	12歳	13歳	
契約150件	契約200件	契約200件	契約200件	契約200件	契約200件	プロセールスとして成功することにより心の平安と一切の経済的不安からの開放を得ている
年収2500万円	年収2500万円	年収2500万円	年収2500万円	年収3000万円	年収3000万円	
パワーパートナー5人	パワーパートナー5人	パワーパートナー5人	パワーパートナー5人	パワーパートナー5人	パワーパートナー5人	
→ 合格	パワーパートナーと一緒に勉強会を開始	勉強会を継続 →	→	→	さらに自己啓発を継続する	プロの名にふさわしい能力を身につけることにより、充実感と自己実現感を得ている
年に1回の旅行	年に1回の旅行	年に2回の旅行	年に2回の旅行	年に2回の旅行	年に2回の旅行	ただたんに経済的な結びつきだけではなく、愛情に恵まれた豊かな人間関係を得ている
貯蓄+100万 住宅購入準備 物件探し その他準備	契約・支払い 住宅ローン借入 新築住宅着工	返済120万 竣工	返済120万	返済120万	返済120万	自分の城を持ち、そこで家族が暮らすのを見て心の平安を得ている 一切の経済的不安からの開放を得ている
貯蓄+60万	貯蓄+60万	貯蓄+60万	貯蓄+100万	貯蓄+100万	貯蓄+100万	
→	→	→	→	→	→	家庭生活の充実により、愛情に恵まれた人間関係の構築を得ている
海外旅行				海外旅行		
→	→	→	→	→	→	
→	→	→	→	→	→	良い体調を維持することにより、充実感と自己実現感を得ている 健康と豊かなエネルギーを得ている
体重60kgを維持	体重60kgを維持	体重60kgを維持	体重60kgを維持	体重60kgを維持	体重60kgを維持	

中・長期行動計画表（記入例・セールスパーソンの一例）

年　　月　　日作成

行動計画	成否のポイント	2012年	2013年	2014年	2015年
	自分	30歳	31歳	32歳	33歳
	（家族の年齢）　妻	28歳	29歳	30歳	31歳
	娘	4歳	5歳	6歳	7歳
1.生命保険のトップセールスとしての実績と基盤づくり	パワーパートナー理論の実践 ↓ 毎年パワーパートナーを5人ずつ増やし、顧客は自分の一生の財産にする	契約100件 年収1000万円 パワーパートナー5人	契約120件 年収1500万円 パワーパートナー5人	契約150件 年収2000万円 パワーパートナー5人	契約150件 年収2000万円 パワーパートナー5人
2.プロの生保営業としての知識・技術を高める	能力開発を継続的におこなう プロの生保営業として必要な資格を取る（CFP国際ライセンス）			CFP受験 『頂点への道』講座再受講、各種セールストレーニングを受講	
3.パワーパートナーと共に真の成功を果たす	顧客には尽くす姿勢を忘れず年に1回以上のイベント開催	年に1回のゴルフ大会	年に1回のゴルフ大会	年に3回のゴルフ大会	年に1回の旅行
4.3階建ての住宅を新築して、自分の両親と同居	蓄財（1000万、5年後） 後悔しない設計 健全な支払計画　住宅関係	残高500万 貯蓄＋100万	貯蓄＋100万	貯蓄＋100万	貯蓄＋100万
	その他の資金も貯蓄する　その他蓄財	貯蓄＋60万	貯蓄＋60万	貯蓄＋60万	貯蓄＋60万
5.家族一同快適に暮らす	長女のアトピー完治、妻とのジョギング励行、自分の時間管理	ジョギング励行	海外旅行 アトピー治療のために宮古島へ（夏休み）		長女 小学校入学
6.健康管理に取り組む	健康に関する基礎知識の習得 自分なりの健康法の確立	体重65kgへ減量 歯の治療開始	体重60kgを維持 歯の治療完了	体重60kgを維持	体重60kgを維持

自己資源分析表（記入例）

	仕事・職業経験	能力・知識	技術・技能・資格	財産・資産	人的ネットワーク	その他
いつでも使える状態になっている資源	営業・交渉能力	ファイナンシャル・プランニング	AFP（国内資格） 剣道4段	マンション 銀行定期預金 郵便局積立貯金	生保の顧客 学生時代のゼミ（経営学科）仲間及び先輩 前職（商社）同僚・得意先 AFP関連	
少し磨けばまだまだ自分にとって有効な資源となり得るもの	営業企画・マネジメント	英語会話 商業英語	フルート演奏	妻のクラフト制作能力 販売能力	異業種交流会で出会った方々	
現在のままだと陳腐化してしまう恐れのあるもの	貿易実務	1対マスのプレゼンテーション能力	商業簿記	同窓会等社会に出る前に交流のあった人々	遠い親戚	
今後、必要になってきそうな資源	人脈の源になるような大物経済人とのお付き合い	不動産等リスクマネジメントの要素	CFP（国際資格）	教育資金（長男・長女） 環境活動資金	士族（弁護士・会計士・税理士等々）の方々との交流	

本書は２０１２年10月に小社より刊行された単行本を加筆・再編集したものです。

[著者プロフィール]

青木仁志（あおき・さとし）

北海道函館市生まれ。若くしてプロセールスの世界で腕を磨き、トップセールス、トップマネジャーとして数々の賞を受賞。その後に能力開発トレーニング会社を経て、1987年、32歳で選択理論心理学を基礎理論としたアチーブメント株式会社を設立。会社設立以来、延べ44万5498名の人財育成と、5,000名を超える中小企業経営者教育に従事している。

自ら講師を務めた公開講座『頂点への道』講座スタンダードコースは28年間で毎月連続700回開催達成。現在は、経営者向け『頂点への道』講座アチーブメントテクノロジーコース特別講座を担当する。2010年から3年間、法政大学大学院政策創造研究科客員教授として教鞭を執り、「日本でいちばん大切にしたい会社大賞」の審査委員を７年間歴任。

著書は、30万部のベストセラーとなった「一生折れない自信のつくり方」シリーズをはじめ61冊。解題は『新・完訳 成功哲学』など計５冊。一般社団法人日本ペンクラブ正会員・国際ペン会員としても活動。

アチーブメント出版
Twitter @achibook
Facebook https://www.facebook.com/achibook
Instagram achievementpublishing

目標達成の技術

2022年（令和４年）３月１日　第１刷発行
2024年（令和６年）４月11日　第10刷発行

著者――――――――青木仁志

発行者――――――――塚本晴久
発行所――――――――アチーブメント出版株式会社
〒141-0031
東京都品川区西五反田2-19-2 荒久ビル４F
TEL 03-5719-5503／FAX 03-5719-5513
https://www.achibook.co.jp

装丁・本文デザイン――轡田昭彦＋坪井朋子
印刷・製本――――――大日本印刷株式会社

ISBN 978-4-86643-108-6

青木仁志の書籍　好評発売中！

一生折れない
自信のつくり方 文庫版

15万部突破のベストセラー文庫化！
世の中がどうであれ、周りの環境がどうであれ、自信をもって人生を歩むことは誰にでもできます。自信とは自分を信じる心です。他人から与えられた自信は本物とは言えません。自信とは主張ではなく、積み上げていくものです。実際に実行したことの連続で育まれます。

■本体650円＋税／文庫判・並製本・304頁／ISBN 978-4-905154-97-6

一生折れない
自信がつく話し方

「自信をもって話せるようになりたい！」
そう望むあなたが取り組もうとしていることは、人生で成し遂げたい、叶えたいと望むものの、ほぼすべてを手に入れることと同じです。なぜなら、話し方を磨くとは、まさに人生を制することと同じだからです。

■本体1350円＋税／四六判・並製本・200頁／ISBN 978-4-86643-080-5

超・達成思考

40万人を研修したトップトレーナーが贈る目標達成の技術！
未来に起こることを"今"決めて、自分との約束を守り続ければそのとおりに実現します。超・達成思考とは、自分を信じて理想の未来をつくることです。

■本体1350円＋税／四六判・並製本・168頁／ISBN 978-4-86643-063-8